Claus-Peter Hutter
Collection des verlorenen Wissens
Was Opa noch wußte

Zu diesem Buch

Wie macht man ohne Anzündhilfe aus dem Supermarkt ein ordentliches Feuer, ohne daß gleich der Wald abbrennt? Welches Holz eignet sich am besten, um Pfeil und Bogen herzustellen? Zu welcher Jahreszeit steckt man Kartoffeln, welche Wildpflanzen sind eßbar und wie muß man sie zubereiten?

Opa hatte auf all diese Fragen und viele mehr eine Antwort. Er wußte, wie man auch ohne Kompaß die Himmelsrichtungen bestimmen kann und was die unterschiedlichen Wolkenformationen verraten. Opa konnte Tierspuren deuten, er wußte, wie man einen Obstbaum pflanzt und schneidet, und er hatte eine Menge fröhliche Wanderlieder parat.

Diese Fertigkeiten und Kenntnisse geraten heute zusehends in Vergessenheit; manche drohen sogar vollends verlorenzugehen. Für alle, die das Alltagswissen aus vergangenen Zeiten bewahren wollen und schmerzlich vermissen, was Opa alles konnte und wußte, hat Claus-Peter Hutter die Erfahrungen seines Vaters (des Opas seiner Kinder) und seines eigenen Opas und Uropas und das Wissen vieler anderer Großväter und Urgroßväter zusammengetragen.

Doch die *Collection des verlorenen Wissens – Was Opa noch wußte* hilft auch, unsere Sehnsucht nach einer bewußteren Lebensweise zu stillen. Das Buch regt an, die großen und kleinen Dinge des Alltags neu zu entdecken und zu erleben, und ergänzt konsequent die von Eva Goris verfaßte *Collection des verlorenen Wissens – Was Oma noch wußte*.

Ein sorgfältig komponiertes Buch, das seinen Wert nie verliert.

Claus-Peter Hutter
in Kooperation mit
Eva Goris

Collection des verlorenen Wissens

Was Opa noch wußte

DROEMER

Hinweis:

Für dieses Buch ist viel altes Wissen zusammengetragen und festgehalten worden. Auch wenn die vielen Gesprächspartner versicherten, daß ihre Tips und Kniffe funktionieren, kann dafür keine Garantie übernommen werden. Jeder Leser, jede Leserin sollte deshalb beim Sammeln von Wildpflanzen, beim Feuermachen, der Verwendung verschiedener Baustoffe, der Deutung von Wolkenformationen und bei all den anderen Empfehlungen dieses Buches eigene Erfahrungen sammeln. Die Haftung ist ausgeschlossen.

Die Folie des Schutzumschlags sowie die Einschweißfolie sind
PE-Folien und biologisch abbaubar.
Dieses Buch wurde auf chlor- und säurefreiem Papier gedruckt.

Besuchen Sie uns im Internet:
www.droemer.de

Copyright © 2008 bei Droemer Verlag. Ein Unternehmen der Droemerschen Verlagsanstalt Th. Knaur Nachf. GmbH & Co. KG, München
Alle Rechte vorbehalten. Das Werk darf – auch teilweise – nur mit Genehmigung des Verlages wiedergegeben werden.
Die Schreibweise in diesem Buch folgt den Regeln der alten Rechtschreibung, wie Opa sie praktiziert hat.
Umschlagillustration: FinePic, München
Illustrationen im Text S. 18, 25, 28, 33, 34 f., 37, 42, 47, 51 f., 57, 60, 63, 64, 65, 91, 110, 119, 122, 126, 180, 182, 184, 185, 186: Wolfgang Lang, Grafenau
Gestaltung und Herstellung: Josef Gall, Geretsried
Satz: Pinkuin Satz und Datentechnik, Berlin
Druck und Bindung: CPI – Ebner & Spiegel, Ulm
Printed in Germany
ISBN 978-3-426-27448-4

2   4   5   3   1

All jenen gewidmet, welche das wertvolle und gleichermaßen praktische Alltagswissen aus Opas Zeit bewahren und als lebendiges Kultur- und Familienerbe an ihre Kinder und Enkel weitergeben wollen.

Inhalt

Einleitung

Es war an einem lauen Sommerabend im August, als die Idee für dieses Buch entstand. Mit Freunden saßen wir beim Wein auf der Terrasse, als Susanne, die kleine Tochter der Gastgeber, in den Himmel guckte und verzückt von den Wolken schwärmte, die »wie kleine Hühnerfederchen« im strahlenden Blau hingen. Dann fragte sie in die Runde: »Gibt es jetzt ein Gewitter?«

Betretenes Schweigen unter den Erwachsenen. Schließlich sagte Gustav, der alte Nachbar vom Haus nebenan: »Nein, nein! Gewitterwolken sehen wie ein Amboß aus.« Doch was ist ein Amboß …?

Auf einmal gab es in der Runde viele Fragen und nur wenige Antworten. Kommen jetzt die Mücken? Und was macht man am besten gegen die Plagegeister? Opa wußte ein wirksames Mittel. Schon vergessen?

Ja, Opa und Uropa, die hatten noch manches Wissen parat, das wir heute schmerzlich vermissen. »Hätte ich früher nur besser aufgepaßt«, denkt sich so mancher, wenn er sich daran erinnert, wie Opa die Werkzeugkiste aufmachte, um flugs selbst einen Holzdübel zu fertigen, oder wenn er – scheinbar ohne groß darüber nachzudenken – an kalten Wintertagen die Obstbäume perfekt schnitt. Kirschen schnitt er wie Kirschen, Zwetschgen wie Zwetschgen und die Apfelbäume entsprechend der jeweiligen Sorten.

Ja, so geht es vielen von uns: Die Bedeutung von scheinbar kleinen Begegnungen und Begebenheiten, die einem als Kind entweder als ganz selbstverständlich oder belanglos erscheinen, erkennt man erst später als wichtige Mosaiksteine für den eigenen Lebensweg. Man kann ruhig sagen: für das eigene Ich.

Noch heute habe ich das Geruchspotpourri in der Nase,

das sich aus dem Duft von reifendem Obst, frisch umgegrabener Gartenerde, Hobelspänen und Leim zusammensetzte. Mit geschlossenen Augen hätte ich zusammen mit meinen Vettern Harald und Rolf – ähnlich den Anweisungen eines modernen GPS-Navigationsgeräts – schon allein von den Duftkomponenten her jeden Winkel in Urgroßvaters Garten, in seiner kleinen Schreinerwerkstatt oder auf seiner Gartenhütte, wo stets selbstgesammelte Kräuter zum Trocknen auf Zeitungspapier ausgelegt waren, aufspüren können. Bei der Suche nach kleinen Abenteuerspielplätzen lernten wir so auf dem Dachboden des geräumigen Gartenhauses die Grundlagen für allerlei Tees aus Lindenblüten, Salbei, Kamille und anderen Kräutern kennen.

Erst beim Gang über den Wochenmarkt, wenn der Blick auf die Preise von Bioäpfeln und Biobirnen fällt, erkennen wir, wie wertvoll Opas eigene Früchte waren, die wir beim Tarzanspielen in den Baumkronen kennenlernten. Dorthin flüchteten wir auch, wenn Urgroßvater entdeckte, daß wir wieder einmal Unmengen von Nägeln beim Basteln von Holzschwertern, Booten und anderem Zeug krummgehauen hatten. »Das ist doch viel zu teuer, geht doch vorsichtiger mit dem Material um!« hieß es dann.

Eigentlich hatte Urgroßvater Otto uns nichts anderes beigebracht, als behutsamer mit Ressourcen umzugehen. Was heute von Wissenschaft und Politik zur Rettung des Weltklimas und der natürlichen Lebensgrundlagen gefordert wird, können diejenigen besser umsetzen, die schon als Kinder gerade bei kleinen Dingen dazu angehalten werden, sorgsam mit Materialien – und damit mit den ökonomischen Grundlagen – umzugehen.

Der Ärger über die kaputten Nägel war meist schnell verflogen. Dann zeigte uns Urgroßvater, wie man sie wieder geradeklopft, wie man nagelt und leimt und welches Holz man überhaupt für die einzelnen Gegenstände verwenden kann. Auch wenn keine großen Handwerker aus uns geworden sind, haben wir doch manches für das spätere Leben gelernt. Nur hätten wir eben mehr aufpassen müssen.

Zum Beispiel auch dann, wenn Opa Hermann anfing, von seinen schrecklichen Erlebnissen im Krieg und in der Gefangenschaft zu erzählen. »Nicht schon wieder!« riefen wir alle. Dabei war es sicherlich – das wissen wir heute – für ihn ein Weg, manches zu verarbeiten. Wir haben oft die Chance vertan, zuzuhören und aus erster Hand zu erfahren, welch schmerzliche Erlebnisse der eigene Opa in den Kriegswirren und den Jahren der Gefangenschaft durchmachen mußte. Vielleicht hätten wir nicht mehr so gerne mit den Blechpanzern und den kleinen Gummisoldaten gespielt, wenn wir besser zugehört hätten.

Aber es gab ja noch die vielen anderen Momente, in denen wir – ohne daß wir uns dessen bewußt waren – etwas lernten. Denn Opas und Uropas, die können eines besser als Eltern: Vermutlich weil ihnen nicht die Verantwortung für die Erziehung obliegt, sind sie bei den Enkeln und Urenkeln großzügiger als bei den eigenen Kindern. Und so drücken sie öfter mal ein Auge zu und nehmen sich mehr Zeit für die junge Generation. So entsteht sicherlich eine größere Toleranz. Und Toleranz wiederum schafft Vertrauen.

Der verantwortungsvolle Umgang mit Vertrauen ermöglichte es denn auch, daß Großvater – so wie Opa Reinhold – genau wußte, wann er die pubertierenden Enkelkinder zum ersten Mal vorsichtig vom Destillat der Zwetschgen und Mirabellen aus dem eigenen Obstgarten versuchen lassen konnte. Er wußte aber auch, daß Enkel Christian die Aussicht, mal einen eigenen Zwetschgenbrand zu haben, dazu motivierte, beim Bäumeschneiden und Obstauflesen zu helfen.

Es sind eine ganze Reihe von Ursachen, die dazu führen, daß so vieles von dem Wissen, das früher über Generationen hinweg von Urgroßvater zu Opa und von Opa zu Vater und vom Vater zu Sohn und Tochter weitergegeben wurde, verlorengeht. Viele Kinder kennen heute mehr Automarken und deren PS-Zahlen oder Computerspiele als Baumarten. Sie essen zwar Kartoffelchips, wissen aber nicht, ob Kartoffeln über oder unter der Erde wachsen.

Nun ist vieles von dem, was früher nützlich war, heute bedeutungslos geworden. Wer hat schon noch einen Heuwagen mit Holzrädern dran? Und keiner hat es mehr nötig, selbst die Stiele für Schaufeln und Besen zu fertigen. Doch uns geht nicht nur das Wissen um solche handwerklichen Fertigkeiten verloren, sondern auch das Wissen um die ganz normalen und durchaus wichtigen Dinge des Alltags. Stellen wir uns nur einen Stromausfall vor. Viele Menschen sind heute nicht mehr in der Lage, selbst ein Feuer anzumachen, und wenn sie beim Spaziergang Getreidefelder sehen, können sie ihren Kindern nicht mehr erklären, worin sich das verschiedene Getreide unterscheidet. Wenn die heute über 70jährigen nicht mehr unter uns sind, werden wir einen tiefgreifenden Wandel der Gesellschaft erfahren, weil kollektives Alltagswissen, das über Jahrhunderte hinweg angesammelt und immer wieder weitervererbt wurde, erodiert.

Deshalb versteht sich diese *Collection des verlorenen Wissens – Was Opa noch wußte* auch als ein kleiner Appell, Traditionen zu bewahren, kulturelle Leistungen aufzuzeigen und das Alltagswissen weiterzugeben. Wenn Opa mit dem Enkel oder der Enkelin bastelt, mit ihnen hinausgeht in Feld, Wald und Flur und sie mitnimmt in Museen und Konzerte, dann ist all dies ein wertvolles Geschenk für die Zukunft der heranwachsenden Generationen. Denn Opas haben einen Vorteil: sie waren auch mal Kind, waren auch mal Vater und haben deshalb ganz einfach mehr Lebenserfahrung als andere. Kein Wunder, daß noch heute bei vielen Naturvölkern die Großväter als »alte weise Männer« Wertschätzung genießen.

Nun hat jede Zeit ihre Opas, und jeder Opa hat und hatte seine Zeit. Und so wandelt sich natürlich immer wieder auch das Alltagswissen. Nichts – so sagt man – ist ja beständiger als der Wandel. Entscheidend ist nur, wie sich Dinge wandeln und ob dies abrupt und einschneidend oder behutsam und damit kontinuierlich geschieht.

Und so war es auch nicht einfach zu entscheiden, was in dieses Buch aufgenommen werden soll. Mit Leichtigkeit hätten wir ein zehnbändiges Werk daraus machen können. Doch einerseits sollte ein kleines, praktisches Handbuch für den Hausgebrauch entstehen. Und andererseits versteht sich die *Collection des verlorenen Wissens – Was Opa noch wußte* – ebenso wie das Pendant dazu, der erste Band der *Collection des verlorenen Wissens – Ein Handbuch für den Hausgebrauch,* in dem wir gesammelt haben, was Oma noch wußte – als eine Sammlung, die Lust darauf machen soll, Opas Wissen wieder neu zu entdecken, zu bewahren und weiterzugeben. Vielleicht werden die Leserinnen und Leser ja sogar neugierig darauf, sich mit dem einen oder anderen Thema eingehender zu beschäftigen.

Es gibt viele Möglichkeiten, in der Familie und bei Freunden Alltagswissen zu sammeln und aufzubewahren. Für diesen

Zweck haben wir am Ende eines jeden Kapitels eine Memoseite gestaltet. Jede Leserin, jeder Leser kann so die *Collection des verlorenen Wissens* um eigene Erlebnisse, Gedanken, Beobachtungen, schlicht um eigenes Wissen ergänzen. Jeder kann den eigenen Opa, den eigenen Uropa befragen und aufschreiben, was nicht vergessen werden soll. Kostbares Wissen aus der Familie oder dem Freundeskreis ergänzt so dieses Buch, das damit zu einem einzigartigen Schatz für seinen Besitzer oder für die Menschen wird, die es zum Geschenk erhalten. Ob Kinder, Enkelkinder, Patenkinder, Freunde oder Verwandte – wer weiß, wer das Buch in späterer Zeit einmal in die Hand nimmt und sich an den ergänzenden Notizen erfreut …

Fit für Abenteuer

Draußen im Wald, fern von Haus und Hof der Eltern, war Opa unser Held. Er wußte, wie man ohne Streichhölzer Feuer macht, den richtigen Lagerplatz auswählt und ein Floß baut. Opa konnte ohne Töpfe und Pfannen den selbstgeangelten Fisch an einem Stöckchen über dem Lagerfeuer grillen, während unten in der Glut die Kartoffeln garten. Wir haben mit ihm Pfeil und Bogen aus Holz geschnitzt, Messer am Wetzstahl und an Sandsteinen geschärft und gelernt, wie man Getränke ohne Kühltasche auch an heißen Sommertagen schön kalt hält. Nach Gewalttouren im Gelände hat Opa dann unsere schmerzenden Blasen an den Füßen mit einer Nadel aufgestochen. »Damit sich das Blasenwasser nicht ausdehnt«, hat er gesagt. Und wir haben tapfer die Zähne zusammengebissen und nicht gejammert.

Bei Opa durften wir richtige Abenteurer sein! Die ängstlichen Ermahnungen unserer Mutter und die guten Ratschläge, die Vater uns mit auf den Weg in den Wald gab, waren draußen schnell vergessen. Dort war wichtig, was Opa sagte. Seine Worte waren in der Wildnis Gesetz. Alles haben wir behalten, was Opa uns beigebracht hat.

Vielleicht war es gerade seine manchmal grobe, derbe Art, die uns soviel Spaß brachte. »Wenn die Schuhe drücken, pinkelt einfach rein«, hat Opa gesagt. »Das hilft!« Daraufhin haben wir alle in unsere Schuhe uriniert. Hat es gewirkt? Vielleicht. Vielleicht lag es aber auch an der Vaseline, mit der Opa vorher unsere Füße sorgsam eingerieben hat. Außerdem achtete er stets darauf, daß unsere Socken nicht naß wurden.

Hinaus in die Natur – aber gewußt, wie

Wer kennt das nicht: Da ist man fröhlich unterwegs, und plötzlich ist da eine Stelle am Fuß, die brennt und schmerzt: Es hat sich eine fiese Blase gebildet. Fußschweiß, nasse Socken und Druckstellen in zu engen oder neuen Wanderschuhen sind der perfekte Nährboden für Blasen. Sie bilden sich durch Reibung und erinnern an Verbrennungen. Wenn es ums richtige Schuhwerk (wie Opa unsere Wanderschuhe immer nannte) ging, verstand er keinen Spaß. »Der Schuh muß sitzen wie eine zweite Haut, aber das Schuhwerk darf nicht zu eng sein«, hat er gepredigt. Alte ausgelatschte Wanderschuhe waren ihm die liebsten, neue mußten eine Prozedur durchlaufen, bevor er sie angezogen hat. Sie wurden über Wasserdampf geweitet und mit Schnaps präpariert. Bei den heutigen Hochleistungswanderschuhen, die oft aus einer Kombination aus Leder und luftdurchlässigen Kunststoffen bestehen, ist das natürlich nicht mehr notwendig.

Auch die Socken wurden mit Bedacht ausgewählt: Für Opa kamen nur faltenlose Strümpfe aus Schafs- oder Baumwolle in Frage. In seinem Rucksack hatte er stets mindestens ein Ersatzpaar. »Kein Schweiß im Schuh!«, hieß sein Credo, denn trockene Füße bilden keine Blasen. »Fußschweiß muß abziehen können«, so Opa. Und er hat sich, sehr zum Ärger von Oma, manchmal sogar kleine Löcher in seine nagelneuen Wanderschuhe gebohrt.

Auch die Füße wurden für den Marsch vorbereitet: Opa rieb sie mit Hirschtalg oder Vaseline ein. Und wenn sich doch einmal Blasen gebildet hatten, wurden sie mit einer dünnen Nadel aufgestochen, damit das Blasenwasser aus der Wunde austreten konnte. Dann wurde die Blase mit glattem Pflaster abgeklebt. Abends mußten die Füße dann in ein Salzwasserbad – oder sie wurden im eigenen Urin gebadet. Wenn es um unsere Füße ging, war Pipi für Opa ein Allheilmittel.

Im Winter wurden unter die Wanderschuhe simple Brettchen oder ein Geflecht aus Ästen gebunden, und fertig war der Schneeschuh. Durch die vergrößerte Oberfläche unterm Fuß konnte man nicht so leicht einsinken. Man kann damit auch sumpfige Gebiete besser durchqueren.

Gegen Kälte und falsche Kleidung hilft das »Zwiebelprinzip«:

Man zieht mehrere Schichten Unterhemden, T-Shirts, Pullover und eine weite Jacke übereinander. Man sollte auch immer an einen Regenschutz denken. Wenn es einem zu warm wird, kann man sich ja schichtweise wieder entblättern. Die Kleidung sollte locker sitzen und am besten aus Baumwolle sein. Über nackter Haut verdunstet der Körper viel mehr Wasser, deshalb gilt: Bei Hitze nie ganz ausziehen! Durchgeschwitzte Kleidung verschafft Kühlung, denn durch das Schwitzwasser im Wind entsteht Verdunstungskühlung. Auch über den Kopf verliert der Körper viel Feuchtigkeit, deshalb immer etwas aufsetzen. Hut oder Mütze vergessen? Ein großes Blatt der Klette (Wald- und Heckenränder) oder der Pestwurz (Bäche, Flüsse) tut's auch.

Los geht's! Wie man seine Kräfte einteilt

Um Kräfte zu sparen, marschiert man am besten in gleichmäßigem Tempo und macht nach jeder Stunde eine kurze Pause. Wenn es heiß ist, kann man sich mit einem feuchten Halstuch Kühlung verschaffen. Nie den Kopf zu lange unbedeckt der Sonne aussetzen und immer einen Hut, ein Tuch oder ein Käppchen tragen. Bergauf haben sich kleine Schritte bewährt. Wanderstökke geben Stabilität und entlasten bei längeren Märschen die Gelenke.

Essen und Trinken nicht vergessen

Frisches Obst fault, kleckert und klebt. Trockenfrüchte sind gesund und liefern schnell Energie. Auch Nüsse und Rosinen sind Kraftnahrung. Auf jeden Fall immer genug trinken, zwei Liter Wasser am Tag sind das absolute Minimum. Wenn es heiß ist, muß es mehr als doppelt soviel Wasser oder Früchtetee sein. Denn mit dem Schweiß verliert der Körper viel Flüssigkeit. Das erschöpft und macht müde.

Wo geht's lang? Orientierung in allen Himmelsrichtungen

Im Osten geht die Sonne auf, im Westen geht sie unter. Mittags steht sie im Süden und gegenüber ist Norden. Klingt eigentlich ganz einfach. Doch das gilt nur für heimische Gefilde, denn auf der Südhalbkugel (Australien, Chile etc.) ist es genau umgekehrt: Hier steht die Sonne mittags im Norden. Auf der Nordhalbkugel kann man sich jedoch darauf verlassen, daß die Sonne im Sommerhalbjahr morgens um 6 Uhr im Osten steht, um 9 Uhr im Südosten, um 12 Uhr im Süden, um 15 Uhr im Südwesten, um 18 Uhr im Westen, um dann unterzugehen. (Im Winter geht sie später auf und früher unter.) Nachts kann man sich am Polarstern orientieren: Er ist sehr hell und steht genau im Norden. Man findet ihn, wenn man den hinteren Teil des Großen Wagens (der auch Großer Bär genannt wird) nach oben hin etwa um das Fünffache verlängert.

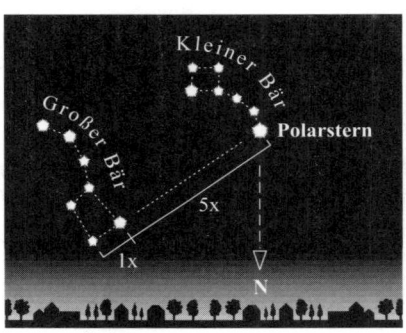

Auch Bäume erzählen, woher der Wind weht. In Deutschland etwa herrschen Nordwestwinde vor. Das ist die Wetterseite. Deshalb haben freistehende Bäume häufig eine leichte Neigung in die entgegengesetzte Südostrichtung. Auf der Wetterseite sind die Äste nicht so gut gewachsen, weil sie ständig dem Wind trotzen müssen. Sie sind an dieser Seite außerdem häufig mit Moos und Flechten bewachsen.

Wie man Feuer macht

Zunächst braucht man den richtigen Platz. Eine Feuerstelle muß achtsam ausgewählt werden, denn ein Feuer darf auf keinen Fall einen Brand auslösen! Deshalb sollte die Feuerstelle mindestens zwei Meter von Baumstämmen, Bäumen etc. entfernt sein, damit sich auch durch Funkenflug nichts entzünden kann. Der Platz wird weiträumig von allem gesäubert, was brennbar ist, denn Feuer kann sich in trockenen Blättern oder durch den Humus im Boden weiterfressen, wenn das Lagerfeuer längst aus ist. Deshalb wird die Feuerstelle mit Steinen eingegrenzt. Für die Luftzufuhr von unten wird eine kleine Mulde gegraben. Damit wir keine Spuren hinterlassen, wird dort, wo später das Feuer brennen soll, etwa 15 bis 20 Zentimeter dick Erde oder Sand (je nach Umgebung) wie ein Podest angehäufelt. Dies verhindert, daß sich das Feuer in den Boden einbrennt. Am anderen Tag, wenn das Feuer gelöscht wird, wird diese Erde mit anderer Erde der Umgebung sorgfältig vermischt und (es darf natürlich keinerlei Glut mehr drin sein) weiträumig in der Umgebung verteilt. Die Steine werden von der Feuerstelle wieder entfernt, dann etwas Laub und Äste über den Lagerplatz verteilt, so daß Natur wieder Natur sein kann.

Doch jetzt zum Feuermachen. Das Brennmaterial wird der Größe nach locker geschichtet: Unten liegt das feine, darauf das grobe Brennmaterial. Perfekt ist ein Nest aus trockenem Stroh, verdorrten Gräsern und Fallschirmsamen (von Löwenzahn oder von Weidenröschen) sowie feinsten Holzspänen. Das alles ist leicht entzündbar und wird als Zunder bezeichnet. Doch es gibt auch »richtigen« Zunder: Das ist ein Schwamm, der auf abgestorbenen Buchen und Birken wächst. Man muß die Zunderfasern weichklopfen. Auch Weidenblüten und trockene Birkenrinde brennen sehr schnell und sind gut zum Feuermachen geeignet.

Jetzt schichtet man noch dünne Zweige und trockene Hölzer auf den Haufen. Alles muß locker aufeinanderliegen, damit von überall Luft an die Flamme kommen kann.

Wenn es nicht zu windig ist, wird das Feuer von der Windseite her entfacht. Jetzt heißt es: Funken schlagen! Fallen die Funken auf das trockene Brennmaterial, brennt es »wie Zunder«.

Feuer-Zeug aus dem Wald

Um Funken zu erzeugen, braucht man hartes Gestein wie Feuer- oder Flintsteine, mit denen man auf ein Stück Markasit oder Pyrit schlägt. Dazu nutzt man die scharfe Kante des Feuersteins und schlägt damit im schrägen Winkel auf den Pyrit, aus dem bald glühende Funken schlagen. Der Feuerstein reißt kleinste Partikelchen aus dem Pyrit, die sich durch die Reibungswärme entzünden. Fallen die Funken in das leicht brennbare Häufchen aus Zunder, trockenen Samen und Birkenrinde, breitet sich allmählich ein Glutherd aus. Man muß jetzt sanft pusten, damit die Glut wächst.

In der Steinzeit kannten die Menschen mehrere Techniken, um Feuer zu machen. Heute kann man auch moderne Hilfsmittel wie zum Beispiel die Lupe am Schweizer Armeemesser zum Feuermachen nutzen. Die Lupe wirkt wie ein Brennglas, aber das funktioniert nur, wenn die Sonne scheint. Auch Spiegel oder eine Glasscherbe kann man so nutzen: Einfach die Sonnenstrahlen bündeln, und schon brennt der Zunder an der Feuerstelle.

Durch Reibung läßt sich ebenfalls Feuer erzeugen. Es kostet jedoch große Mühe, Feuer zu bohren. Zunächst muß man das richtige Holz für Bohrbrett und Bohrer finden. Am besten eignen sich abgestorbene Äste von Weiden, Pappeln oder Lärchen. Das Holz muß sehr trocken sein, darf aber nicht morsch sein. Das Bohrbrett sollte 2 Zentimeter dick sein, flach auf dem Boden liegen und darf nicht wackeln. Der Holzbohrer selbst ist etwa 20 Zentimeter lang und wird an beiden Enden angespitzt. Aus einer Astgabel wird ein Bogen gefertigt. Mit Hilfe des Bogens wird der Bohrer auf dem Brettchen gedreht. Wenn Rauch aufsteigt, ist man auf einem guten Weg.

Wer es nicht ganz so steinzeitmäßig mag, kann sich bei Spezialausrüstern Sturmstreichhölzer kaufen. Sie haben einen speziellen Zündkopf. Es gibt sogar wasserfeste Streichhölzer, die mit einer Wachsschicht besonders vor Feuchtigkeit geschützt sind.

Für ein Lagerfeuer ohne Rauch braucht man übrigens sehr trockenes, feines Holz. Nachts sind Feuerstellen über viele Kilometer zu sehen. Wer im verborgenen am Feuer sitzen will, muß sehr geschickt sein.

Grillen ohne Grill

Opa mochte es am Lagerfeuer rustikal. Ganz gleich ob Fisch, Fleisch oder Gemüse und Kartoffeln: Alles wurde ohne Töpfe oder Pfannen zubereitet. Kartoffeln wurden einfach so ins Feuer gelegt. Wir hatten hinterher alle schwarze Hände, weil wir die Kartoffeln aus der verkohlten Schale pulen mußten. Aber sie schmeckten köstlich!

Fische oder Fleisch wurden wie bei den Cowboys im wilden Westen einfach auf angespitzte Astgabeln gespießt und vorsichtig im richtigen Abstand übers Feuer gehalten. Gemüse hat Großvater in mehrere Schichten frischer Blätter gewickelt und dann am Rand des Feuers in die Glut gelegt. Zum Nachtisch gab es Bananen, die in der eigenen Schale gegart waren. Nichts hat jemals besser geschmeckt!

Kühle Getränke gab es aus dem Blumentopf. Sie wurden unter dem Tontopf aufbewahrt, der vorher in Wasser getränkt wurde, so daß sich der Ton richtig vollsaugen konnte. Durch die Verdunstung des Wassers kam der Kühleffekt zustande. Mit einem nassen Tuch oder feuchtem Zeitungspapier konnte man die Verdunstungskälte noch verstärken. Doch macht es natürlich wenig Sinn, schwere Tontöpfe durch die Gegend zu tragen und diese als »Cooler« zu verwenden. Getränke lassen sich genausogut lagern, wenn die noch ungeöffneten oder sonst dichten Flaschen in einen Bach gelegt werden.

Wo man Wasser findet

Ist die Wasserflasche leer und der Heimweg noch weit, muß man sich etwas einfallen lassen. »Wasser ist wertvoller als Gold«, hat Opa immer gesagt. »Und Durst ist schlimmer als Heimweh.«

Mit Plastikplanen kann man Tau und Regenwasser auffangen. Um Verdunstungswasser aufzufangen, hängt man durchsichtige Plastikbeutel über Äste oder Erdlöcher. Grundwasser findet man dort, wo Gras oder Schilf wachsen. Schnee und Eis müssen immer erst geschmolzen werden, bevor man es trinken kann. Übrigens: Blaues Eis im arktischen Meer ist sehr altes Eis. Es enthält kein Salz mehr.

Man kann auch mit Pflanzensäften seinen Durst stillen, muß dabei aber sehr vorsichtig sein und sich vor giftigen Pflanzen schützen. Generell gilt: Nie milchige Säfte trinken! Birkenzweige enthalten im Frühjahr einen Saft, den man trinken kann. Dazu muß man den Stamm senkrecht anschneiden. In den Tropen findet man in einigen Lianen Trinkwasser.

Durch verschmutztes Wasser werden viele Krankheiten übertragen. Man kann Wasser reinigen, indem man es kocht oder filtert. Beim Abkochen muß es mindestens zehn Minuten lang sieden. Selbstgebaute Filter sind nicht sehr zuverlässig. Schlamm und Sand kann man leicht entfernen, indem man das Wasser durch ein Stück Stoff drückt. Aber Bakterien bleiben nicht im T-Shirt hängen. Man kann Tabletten und Tropfen kaufen, die Wasser keimfrei machen. Sie heißen zum Beispiel Micorpur oder Romin.

Wie man einen Lagerplatz auswählt

Ein grünes Dach über dem Kopf hält Regen fern. Wenn man draußen überrascht wird und plötzlich ohne Zelt im Freien übernachten muß, sollte man sich ein trockenes Plätzchen im Wald suchen. Auf Freiflächen und Wiesen wird man morgens naß, wenn der Tau fällt.

Zunächst wird der Schlafplatz gegen die Bodenkälte isoliert, damit man nachts nicht so leicht friert. Tannenreisig eignet sich hervorragend als »Matratze«. Damit man weich liegt, wird auf das Reisig alles geschichtet, was man im Wald findet: Heu, Laub und Tannennadeln.

Wenn es regnet, findet man in dichtem Buschwerk Schutz. Mit Zweigen, großen Blättern und Farn kann man sich eine Art Notdach bauen. Als Bettdecke dienen große Äste mit Laub oder dichtes Strauchwerk. Tiefergelegene Plätze sollte man meiden: Wenn es regnet, sammelt sich dort das Wasser.

Hängen und schlafen

Wie Südseeinsulaner haben wir manchmal nachts in unseren Hängematten geschlafen, nachdem wir stundenlang über Indianer und Cowboys gequasselt hatten. Bei freiem Blick auf den Nachthimmel haben wir Sternbilder betrachtet, den Großen Wagen, den Polarstern und Sirius gesucht. Opa hat immer dafür gesorgt, daß die Hängematte ein bißchen durchhing und nicht zu stramm zwischen den Bäumstämmen gespannt war. So lag man bequem und fühlte sich geborgen. Man braucht natürlich zwei passende Bäume, die stark genug sind, um Matte und Mensch zu tragen.

Bei besonders rustikalen Ausflügen hat Opa uns »Schlafgruben« mit dem Klappspaten ausheben lassen. Das Loch muß etwas größer sein als der Schläfer. Es wird mit Laub, Tannennadeln und Gras als Unterlage gepolstert, damit man weich liegt. So entsteht ein kuscheliges, aber auch leicht gewöhnungsbedürftiges »Bett«.

Lebensmittel hängen sorgsam verpackt in Beuteln in den Ästen, um wilden Tieren den Futterdiebstahl zu erschweren. Wenn es am nächsten Morgen weiterging, blieb nicht ein Fitzelchen Müll zurück. Opa hat immer gesagt: »Kein Abfall darf verraten, wo wir übernachtet haben.« Mit einem Klappspaten wurden sogar unsere Ausscheidungen sorgsam vergraben. Oder um Opa zu zitieren: »Gesch… wird ins Loch!« Dann kamen Erde und Blätter obendrauf.

Messer für große und kleine Männer

Schon in der Steinzeit haben die Menschen sehr scharfe Messer aus Steinklingen besessen. Später nutzte man Bronze, dann Eisen und Stahl. Grob unterscheidet man zwischen feststehenden Messern und Klappmessern. Bei ersteren sind Klinge und Griff unbeweglich und fest verbunden, bei letzteren kann man die Klinge zwischen den zwei Wangen des Griffs verbergen.

- *Taschenmesser:* Wohl jeder Junge hat ein Taschenmesser. Die meisten verfügen über eine etwa 8 Zentimeter lange Klinge, die man zwischen Messingbacken versenken kann. Das bekannteste Taschenmesser ist das Schweizer Taschenmesser. Es hat je nach Ausstattung sogar eine kleine Säge, eine Lupe, eine Feile, ein Fischmesser und eine Schere.
- *Springmesser* haben eine eingebaute Feder, mit der man die Klinge herausschleudern kann.
- *Fahrtenmesser:* Der Begriff wird für verschiedene Messer wie Jagd- und Taschenmesser benutzt.
- *Jagdmesser* werden von Jägern für das Ausnehmen von erlegtem Wild genutzt. Es sind sehr stabile Messer.
- *Macheten:* Diese großen Buschmesser sind sehr scharf und werden in Afrika und Asien bei der Feldarbeit und in den Tropenwäldern genutzt, um einen Weg durchs Dickicht zu bahnen.

- *Schiffsmesser:* An Bord von Segelschiffen ist ein gutes Messer dringend erforderlich. Man braucht es, um Taue und Tampen zu schneiden und um zu spleißen. Schiffs- oder Matrosenmesser haben nicht nur eine Klinge, sondern auch einen stumpfen Dorn. Damit kann man die Taue bearbeiten.
- *Schnitzmesser* sind extra für die Bearbeitung von Holz ausgelegt.
- *Tauchermesser:* Ein Messer gehört für Taucher zur Sicherheitsausrüstung. Sollte man irgendwo hängenbleiben oder sich verheddern, kann man sich freischneiden. Tauchermesser haben mehrere Funktionen und sind speziell für den Gebrauch im Wasser hergestellt worden.

Wie man Messer schärft

Ob Messer gegen den Strich oder mit ihm geschärft werden, wird in Männerkreisen seit jeher heiß diskutiert. Zum Schärfen braucht man entweder ein zweites Messer, einen Wetzstahl, einen Handschleifstein oder eine Feile. Arbeitet man mit einem Stein, wird die Klinge in einem Winkel von 10 bis maximal 25 Grad kreisend und mit sanftem Druck gegen den Strich über den feuchten Stein gezogen; mal von der einen, mal von der anderen Seite. Je spitzer der Winkel ist, um so schärfer wird das Messer. Rostfreie Messer lassen sich schlecht schärfen.

Wetzsteine sind flache Steine aus mineralischen Bestandteilen. Sie haben eine unterschiedliche Körnung. Oft werden sie mit Abziehsteinen verwechselt. Man macht sie mit Wasser, Öl oder Petroleum naß, bevor man sie benutzt. Schleifsteine bestehen aus Natursteinen wie Sandstein oder künstlichen Steinen (zum Beispiel aus Siliziumkarbid). Wenn das Messer bei einer Wanderung stumpf wird, kann man es also auch an Steinen (am besten geeignet sind Sandsteine) schleifen.

Wie man Fische fängt

Bevor man Fische fangen kann, muß man Würmer sammeln. Das funktioniert am besten, wenn es regnet. Auf feuchten Wiesen wird man leicht fündig. Mit einer kräftigen Astgabel kann man das Erdreich aufreißen und im Boden nach Würmern graben.

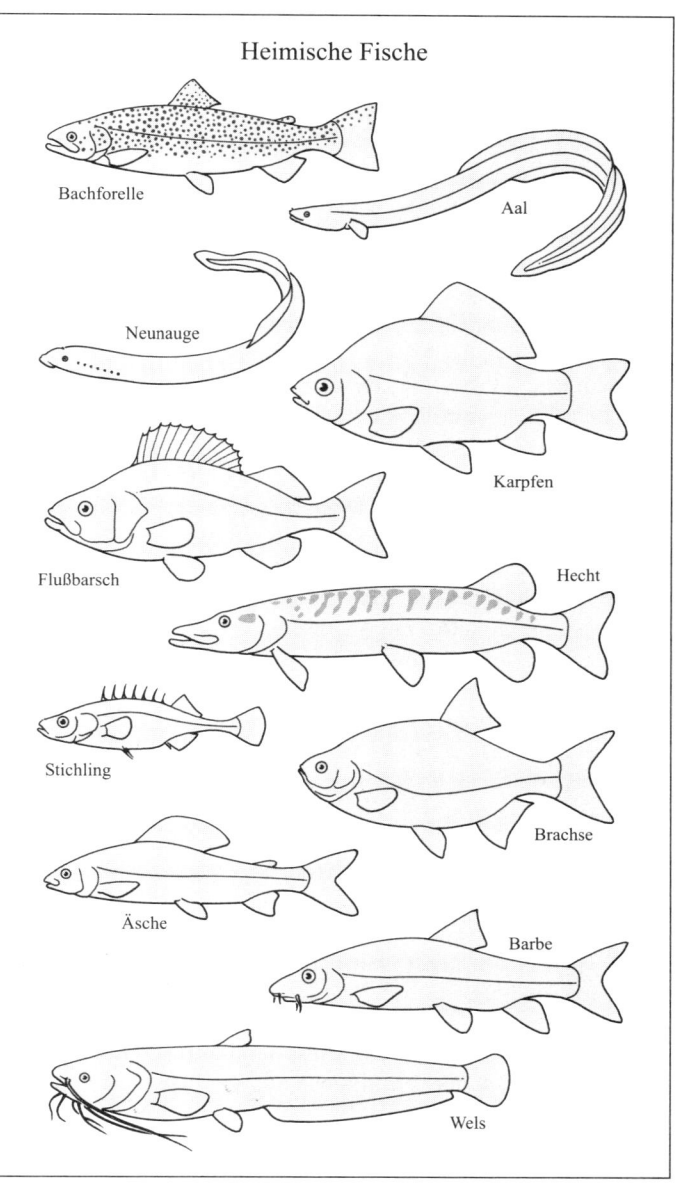

Heimische Fische

Bachforelle

Aal

Neunauge

Karpfen

Flußbarsch

Hecht

Stichling

Brachse

Äsche

Barbe

Wels

Am leichtesten findet man Würmer nachts, denn dann kommen die lichtscheuen Gesellen aus der Erde, und man braucht sie nur einzusammeln.

Fische fressen auch andere Köder wie Insekten, Käse, Brot und Fleisch- oder Fischabfälle. Wichtig ist, daß der Haken vom Köder verdeckt wird. Unsichtbare Sehnen sind besser als Angelschnur geeignet als Bindfäden. Außerdem braucht man Bleikügelchen oder andere Gewichte, damit Haken und Köder absinken.

Man muß sehr leise sein und darf sich nicht zuviel bewegen, denn Fische nehmen Schatten und Geräusche am Ufer wahr und verstecken sich dann. Morgens und spätnachmittags beißen Fische häufiger als am Tag, wenn die Sonne hoch steht. Nachts kann man Fische mit Licht anlocken.

Man darf seine Angel aber nicht einfach so ins Wasser halten, man braucht einen Angelschein (Auskunft gibt die Gemeinde- oder Stadtverwaltung). Denn bei unsachgemäßem Angeln kann es passieren, daß der Haken nur in der Lippe des Fisches steckt und herausreißt, wenn man die Angel hochzieht. Das ist Tierquälerei. Obwohl oft das Gegenteil behauptet wird: Auch Fische verspüren Schmerzen! Deshalb müssen sie sofort getötet werden, wenn man sie an Land gezogen hat. Sie ersticken sonst unter Qualen.

Um einen Fisch zu töten, braucht man einen kräftigen Stock, mit dem man dem Tier von oben auf den Kopf schlägt. Dann ist der Fisch betäubt und kann mit dem Messer getötet werden. Dazu sticht man von oben in den Schädel des Tieres. Wenn der Fisch dann tot ist, schlitzt man den Bauch auf, um ihn auszuweiden. Man beginnt in der Afteröffnung und schneidet bis zum Kopf. Die Eingeweide fallen dann fast von allein heraus. Man kann sie als Fischfutter ins Wasser werfen.

Auf einem Rost direkt über der sanften Glut gegart, wird aus dem Fang eine Delikatesse. Wie Oma es zu Hause macht, ritzt man den Fisch parallel zu den Gräten leicht an und reibt ihn mit Salz und Gewürzen ein. Man schneidet allerdings nie von oben durch die Haut, sondern von innen aus der Bauchhöhle heraus.

Erste Hilfe in der Wildnis

Auf jeden Fall sollte man sich Grundkenntnisse in Erster Hilfe aneignen, bevor man loszieht. Zur Grundausrüstung in der Wildnis gehören: Sonnenschutzmittel, Wunddesinfektion, Verbände, Pflaster, Pinzette, Nadeln und Insektenschutz.

Um im Notfall fremde Hilfe holen zu können, hatte Opa ebenfalls ein paar wirksame Tricks parat. Er hatte stets einen Spiegel in der Tasche, mit dem er Blinkzeichen geben konnte. Auch große Feuer fallen auf. Man kann drei Feuer entzünden, die im Abstand wie ein Warndreieck brennen. In allergrößter Not kann man auf freiem Feld ein SOS-Zeichen mit Steinen auslegen, das von der Luft aus gesehen werden kann. Bei kleineren Notfällen reicht es, wenn man Tücher an Stöcken wie eine Fahne befestigt und damit winkt. Um sich akustisch bemerkbar zu machen, nimmt man am besten eine Trillerpfeife mit.

Heilen mit Hilfe der Natur

- *Kamille* ist die Mutter aller Heilpflanzen. Als Tee wirkt Kamille schmerzstillend, fördert die Verdauung und heilt Magen-Darm-Probleme. Außerdem löst Kamillentee Kämpfe. Die ausgekochten Blüten heilen Entzündungen und Wunden. Einfach unter dem Verband auf die Wunde legen.
- *Spitzwegerich* ist ebenfalls ein gutes Wundheilmittel. Man zerquetscht die Blätter und legt sie auf die Wunde oder den Insektenstich. Der Saft des Spitzwegerichs hilft auch gegen Durchfall.
- *Schafgarbe* kann man ebenfalls bei Magen- und Darmbeschwerden anwenden. Stiel, Blüten und Blätter werden getrocknet und als Tee aufgebrüht. Natürlich kann man sie auch frisch aufbrühen.
- *Pfefferminze* ist wie Kamille ein altbewährtes Heilmittel. Als Tee aufgebrüht hilft Pfefferminze gegen Kopfschmerzen und Verdauungsprobleme. Der Tee löst sogar Krämpfe und wirkt bei entzündetem Zahnfleisch.
- *Holunder* lindert Erkältungskrankheiten und wirkt fiebersenkend. Man kocht aus den Blüten Tee, aus den Früchten Saft.

Heilpflanzen

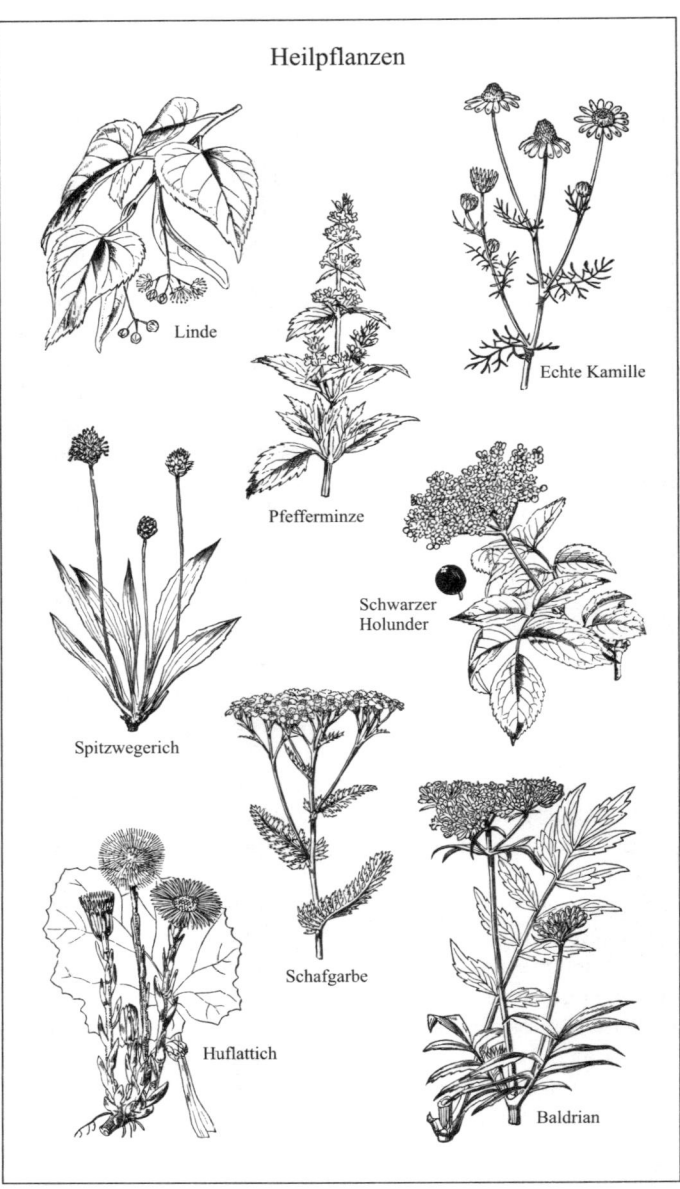

Linde

Echte Kamille

Pfefferminze

Schwarzer
Holunder

Spitzwegerich

Schafgarbe

Huflattich

Baldrian

- *Huflattich* hilft gegen Geschwüre. Die Blätter werden zu Mus zerstampft und frisch auf Wickel gegeben.
- *Baldrian* wirkt beruhigend, wenn man einen Tee aus dem Saft bereitet.
- *Lindenblüten* ergeben einen gesunden Tee.

Flitzebogen, Floß und Kompaß – was man alles selber bauen kann

Wie man Pfeil und Bogen schnitzt

Für einen Bogen braucht man nichts weiter als biegsames Holz und eine Sehne. Wacholder und Esche sind ideale Hölzer, wenn man sich einen Bogen schnitzen will. Auch Ulmen, Eibenholz oder Haselnuß sind geeignet. Der dünne, etwa 1,2 Meter lange Zweig sollte astfrei sein, völlig gerade und nicht dicker als 22 Millimeter. Daraus wird der Bogen geformt. Mit der Feile oder einer Raspel werden die Enden des Stabes an einer Seite (!) dünner geschabt. Die unbearbeitete, unversehrte Seite bildet die Außenseite, wenn der Stab gebogen wird. Dann wird am äußeren Ende eine Kerbe eingefeilt. Die Sehne, mit der der Bogen gespannt wird, kann aus gedrehtem Hanf sein. Sie wird mit Hilfe einer Schlinge in die Kerbe eingespannt. Der Bogen beschreibt eine ganz leichte U-Form. Er ist gespannt.

Für die Pfeile benutzt man am besten Kiefernholz oder Ahorn. Oder man nimmt geradegewachsene Haselnußstecken. Damit man sie befestigen kann, braucht man wieder eine kleine Kerbe. Der Schaft, an dem der Pfeil mit einer Sehne angebracht wird, muß völlig gerade und vorne etwas schwerer als hinten sein. Man nutzt Federn von Hühnern oder Gänsen, damit der Pfeil gut fliegt – aber nur die Federbärte (die harten »Stiele«), die weichen Federn werden entfernt. Den Bogen hält man in der linken Hand, mit der rechten wird der Pfeil eingelegt und abgeschossen. Die Sehne wird so weit zurückgezogen, bis der Daumen den rechten Wangenknochen berührt. (Linkshänder mögen es andersherum probieren). Man muß einen Bogen immer »entspannt« aufbewahren und mit Leinöl vor Feuchtigkeit schützen.

Opa sprach immer vom »Flitzebogen«. Er erzählte, daß die Jäger in der Steinzeit schon vor über 30 000 Jahren mit dieser einfachen Methode gefährliche Jagdwaffen gebaut haben. Im Mittelalter konnten Bogenschützen mit ihren Waffen dicke Eichentore durchschießen. Gefangenen Bogenschützen wurde von den Gegnern Mittel- und Zeigefinger abgehackt, um sie für immer zu »entwaffnen«.

Wesentlich einfacher, aber auch sehr effektiv sind Schleudern. Schon in der Antike haben die Menschen mit Schleudern gejagt, angegriffen oder sich verteidigt. Es ist die Waffe der armen, einfachen Leute. Die Munition liegt quasi auf der Straße. Man braucht für eine Schleuder einen langen Streifen Leder oder Stoff. In der Mitte muß eine kleine Ausbuchtung sein, die wie ein Beutel aussieht. Genau in diesen Beutel legt man den Stein. Dann nimmt man beide Enden der Schleuder in die Hand und schwingt das Leder, bis es ausreichend schnell ist. Läßt man jetzt ein Ende los, fliegt der Stein mit großer Wucht aus der Schleuder seinem Ziel entgegen. Am besten eignen sich glatt gewaschene, runde Steine, die man leicht am Strand oder im Flussbett findet.

Die Technik erfordert allerdings viel Übung. Wer ungeschickt ist, kriegt den Stein selbst auf den Kopf. Andere Schleudern werden aus einer Astgabel gebastelt. Geeignet ist hierfür etwa eine Haselnuß- oder Hainbuchenverzweigung. Das untere Ende ist der Handgriff, an den oberen beiden Enden werden dicke Gummis (solche vom Einmachglas) befestigt. Diese Gummiringe werden an ihrem jeweiligen Ende miteinander verknüpft (Schnur oder Draht). Mit einer solchen Schleuder kann man mit Steinen schon recht gut zielen. Opas primitive »Waffen« sind zwar ein beliebtes Jungenspielzeug, aber sie sind nicht ungefährlich. Gerade Pfeile und Wurfgeschosse können schnell »ins Auge gehen« – deshalb ist immer Vorsicht geboten!

Wie man ein Floß baut

Es klingt zwar witzig, ist aber wichtig: das Holz muß schwimmen! Bevor man einen Baum fällt (was ohnehin vorher sehr genau geklärt werden muß, ob es überhaupt möglich und erlaubt ist!), muß die Schwimmfähigkeit des Holzes geprüft werden. Schon ein einzelner Stamm kann ein »Floß« sein, wenn er dick genug ist und hinten eine Gabelung hat. Man kann allerdings nur darauf liegen. Auf dem Bauch, damit man sieht, wohin die Reise geht! Die Gabelung sorgt dafür, daß sich das Floß nicht ständig um sich selbst dreht und wirklich geradeaus treibt. Will man mehrere Stämme zu einem größeren Floß verbinden, muß man sich zwei dicke, stabile Stämme suchen, die die Außenseiten bilden. Dazwischen werden etwas dünnere Stämme nebeneinander aufgereiht. Jetzt muß man diese Stämme nur noch »klammern«. Dazu schlägt man in jeden Außenstamm oben und unten tiefe Kerben. Dann sucht man sich vier dünnere Stämme, die man an beiden Enden von oben und unten wie eine Klammer in die Kerben legt. Jetzt braucht man ein Seil, um diese stramm zusammenzubinden. Ein Floß ist nie schneller als die Strömung – aber auch nicht langsamer! Man kann in Fahrtrichtung mit den Händen rudern oder sich Paddel bauen. Es gilt in jedem Fall große Vorsicht: Die Gefahr zu ertrinken ist immens! Auch gute Schwimmer riskieren in reißenden Flüssen und gefährlichen Strömungen ihr Leben. Man muß den Fluß kennen, den man befährt. Die Jahreszeit ist ebenfalls zu beachten. Bei starken Regenfällen verwandeln sich winzige Bächlein plötzlich in reißende Bäche. Also aufgepaßt! Sonst endet das Abenteuer noch im Krankenhaus.

Wie man einen Kompaß bastelt

Für einen Kompaß braucht man ein Stück Eisendraht oder eine Nähnadel und vor allem einen Magneten. Man reibt Draht oder Nadel eine Weile lang immer in der gleichen Richtung an dem Magneten. Dabei wird die Nadel magnetisiert und zeigt fortan in Richtung Nord – Süd, wenn man sie an einem dünnen Bindfaden aufhängt. Übrigens: Auf Landkarten ist der Norden immer oben!

Wie man ein Baumhaus baut

Es war unser Fluchtpunkt, wenn zu Hause Ärger im Anzug war: das Baumhaus! Opa hat es auf tragfähige Äste in der Eiche im Garten gebaut. Auch große, kräftige Apfel- oder Birkenbäume sind stark genug für ein Baumhaus. Man muß auf brüchiges Holz achten, die Äste müssen ausladend genug sein, um ein Häuschen zu tragen. Wenn es kräftig weht, dürfen Äste und Zweige das Baumhaus möglichst nicht beschädigen. Je höher, desto sicherer muß das Abenteuerhäuschen sein. Es braucht eine stabile Treppe oder eine Seilleiter, ein Geländer und eventuell sogar eine Tür, die sich nach innen (!) öffnet. Unter dem Baum sorgen Laub, Reisig, Stroh oder Heu und Rindermulch für eine »weiche Landung«. Die Leiter sollte abnehmbar sein, damit niemand unbefugt hochklettern (und sich eventuell verletzen!!) kann. Denn die meisten Unfälle passieren beim Rauf- und Runterklettern. Das Häuschenholz kann mit einer Imprägnierung vor Fäulnis geschützt und mehrfach mit Lasur und Farbschichten gestrichen werden. Die Bodenplatte muß besonders stabil sein. Man kann dafür eine Euro-Palette nehmen, auf die die Fußbodenbretter genagelt werden.

Wie man ein Zelt aufbaut

Bevor auch nur ein Hering ausgepackt wurde, hat Opa den Zeltplatz gründlich inspiziert: Unebenheiten, Steine, kleinere Löcher oder gar Kiefern-, Fichten- oder Tannenzapfen wurden sorgsam entfernt. Auch die Windrichtung war wichtig. Man wollte schließlich nicht mitsamt dem Zelt abheben! Dann wurde alles ausgepackt. Die Zeltstangen wurden zusammengefügt und immer ganz durchgeschoben, die Abspannleinen wurden gespannt und befestigt. Heringe wurden vorsichtig mit einem Stück Holz oder einem Stein in den Boden geschlagen – nie mit dem Fuß getreten!

Pflanzen, Pilze, Fährten –
was ein Trapper wissen muß

Welche Pilze muß man kennen?

Es gibt eine Vielzahl von Pilzen. Sie alle spielen im Naturkreislauf eine wichtige Rolle. Manche als Zersetzer von altem Holz (Destruenten), andere, weil die Feinwürzelchen von Bäumen und Sträuchern mit ihrem Geflecht in einer Art Symbiose leben und die Pilze für die Bäume bzw. Sträucher Nährstoffe aufarbeiten. Die Pilze, die wir uns vorstellen, sind lediglich die Fruchtkörper zu dem im Boden verborgenen Myzel. Weil manche Pilze giftig sind, empfiehlt es sich, ein gutes Bestimmungsbuch dabeizuhaben. Man sollte nur solche Pilze sammeln, von denen man sich sicher ist, daß sie auch eßbar sind. Dann versteht sich von selbst, daß nicht alle Pilze, die man findet, geerntet werden, weil sonst die Bestände zu schnell dezimiert werden.

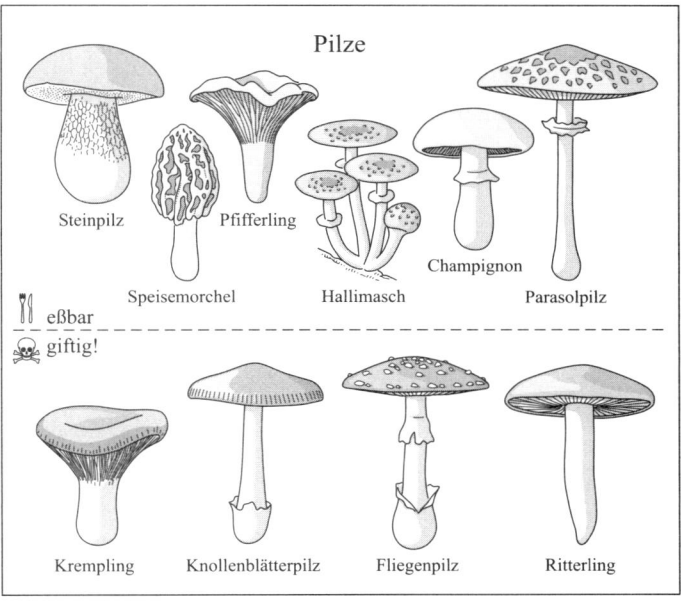

Pilze

Steinpilz
Pfifferling
Speisemorchel
Hallimasch
Champignon
Parasolpilz

eßbar
giftig!

Krempling
Knollenblätterpilz
Fliegenpilz
Ritterling

Welche Wildpflanzen kann man essen?

Lange, lange ist es her, daß die Menschen – bevor sie seßhaft wurden – darauf angewiesen waren, was sie in der Natur gefunden haben. Oft können wir uns gar nicht mehr vorstellen, welche Früchte, welche Grünpflanzen gegessen werden können, welche als Tee- oder Salatpflanzen geeignet sind.

Hier die wichtigsten Arten und ihre Verwendung:

Eßbare Wildpflanzen

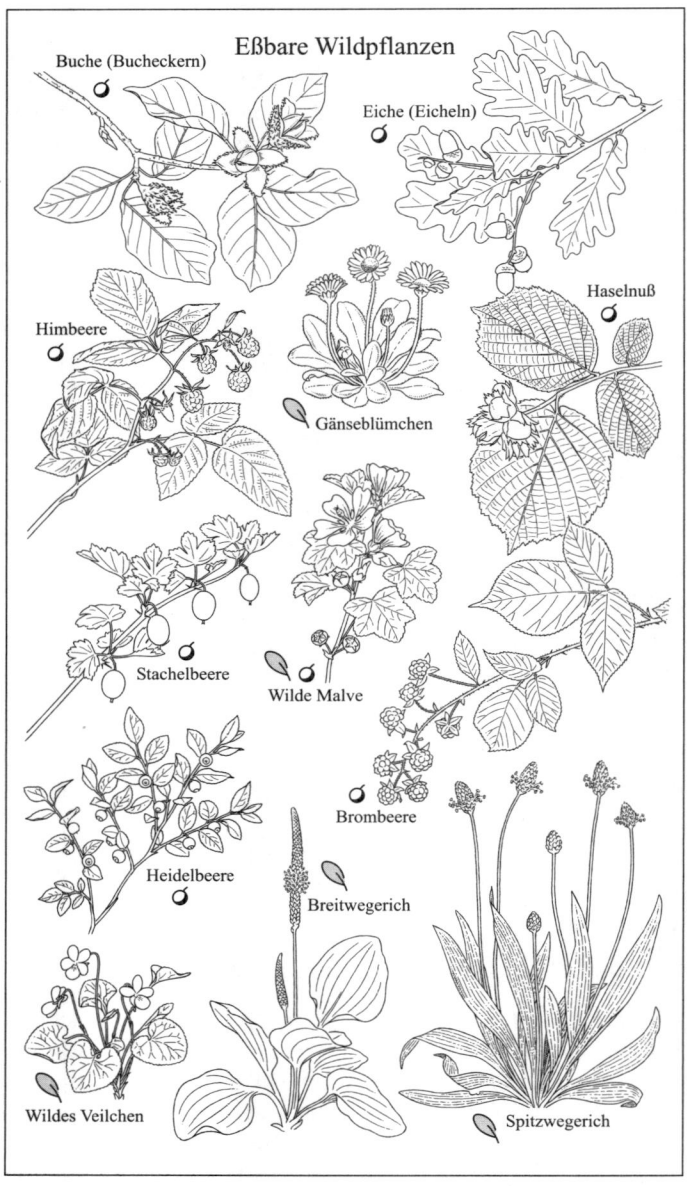

Buche (Bucheckern)

Eiche (Eicheln)

Haselnuß

Himbeere

Gänseblümchen

Stachelbeere

Wilde Malve

Heidelbeere

Brombeere

Breitwegerich

Wildes Veilchen

Spitzwegerich

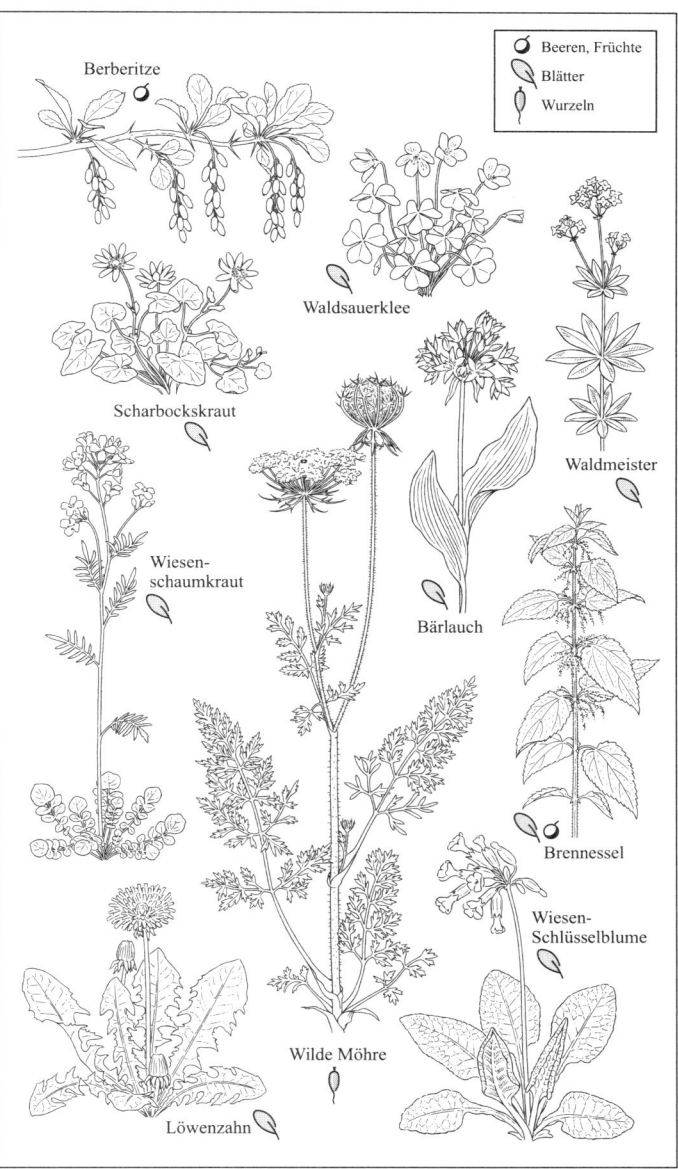

Berberitze

Beeren, Früchte
Blätter
Wurzeln

Waldsauerklee

Scharbockskraut

Waldmeister

Wiesen-
schaumkraut

Bärlauch

Brennessel

Wiesen-
Schlüsselblume

Löwenzahn

Wilde Möhre

35

Wie alte Hasen Fährten lesen

Ja, was ist denn hier gelaufen? Nicht nur im Winter, wenn sich Fußspuren im Schnee finden, sondern auch im Sommer läßt sich anhand der Huf- oder Pfotenabdrücke im weichen Waldboden, im Bereich von Sandbänken an Flüssen oder im ausgetrockneten Schlamm von Pfützen feststellen, welches Tier da unterwegs war. Naturvölker bringen hier heute noch Erstaunliches zustande. Sie wissen, ob es sich um ein weibliches oder männliches Tier gehandelt hat, wie schwer dieses war und ob es langsam daherschritt oder auf der Flucht davoneilte.

Die wichtigsten Wildtiere und ihre Spuren (siehe S. 37).

Auf dem Wasser unterwegs

Opa ist ein Bootsfreak: Wasser bedeutet für ihn Freiheit! Dabei verzichtet er gern auf Dieselmaschinen und Motorkraft. Auch Rudern ist nicht so wirklich sein Ding. Er sagt immer: »Warum soll ich mich anstrengen, wenn der Wind die Arbeit übernehmen kann?!« Die Naturgewalten, Wind und Wellen, sind ihm der liebste Antrieb. Sich den Gewalten der Natur aussetzen, der See oder dem Meer trotzen, bedeutet für ihn »ein Mann sein«. Die Ausflüge mit dem Segelboot sind für Großvater ein Abenteuer. Und ein leichtes Kribbeln reist stets mit. Wenn Oma mit einem liebevollen Seitenblick auf Opa fragt: »Na, wann seit ihr denn zurück, Jungs?«, sagt Großvater stets: »Das ist außerhalb unserer Macht; Petrus und Neptun entscheiden ...!« Dabei weiß er genau, was er tut. Uns Jungs sagt er mit ernstem Gesichtsausdruck: »Man darf den Respekt vor den Naturgewalten, dem Meer, dem Wind und den Wellen nie verlieren – sonst riskiert man sein Leben ...!«

An Bord müssen wir wie kleine Soldaten funktionieren, denn »der Kapitän hat das Kommando« – und das ist Opa. Er hat uns die Seglersprache beigebracht und spricht von »Abhärtung«, wenn wir frieren, es regnet und der Wind ganz ungünstig steht. Doch bei der Ankunft im Hafen fühlen wir uns wie Helden und genießen den Sieg über die Elemente. Es ist immer ein Erlebnis, mit Großvater im Segelboot unterwegs zu sein.

Wildtiere und ihre Spuren

Igel — Rv, Rh
Eichhörnchen — Rv, Rh
Iltis — Rh
Fischotter — Rv, Rh
Baummarder — Rv
Wildkatze — Rv
Steinmarder — Rv
Luchs — Rv
Dachs — Rh, Rv
Wolf — Rh
Wildschwein — Rv
Hund — Rv
Fuchs — Rv
Rothirsch — Rv, Rh
Reh — Rv, Rh

Rv = rechts vorne
Rh = rechts hinten

1 cm

10 cm

Hier ein kleiner Einstieg für Landratten: Die wichtigsten Vokabeln, die wichtigsten Erklärungen. Willkommen an Bord!

Der Rumpf

Segelboot ist nicht gleich Segelboot: Es gibt Kielboote und Schwertboote. Doch damit nicht genug; die Form des Rumpfes ist entscheidend. Hier die Bootskörper, die auch Landratten kennen sollten:

- Die *Jolle* ist ein kleines, offenes Segelboot ohne Kajüte. Das Besondere an einer Jolle ist eine senkrechte Platte, die man Schwert nennt. Dieses Schwert kann durch den Bootsboden ins Wasser hinabgelassen werden und verhindert, daß man beim Segeln abdriftet. Man kann das Schwert wieder hochziehen und mit der Jolle ganz leicht ein Ufer anlaufen, ohne aufzulaufen, also auf dem Grund »hängenzubleiben«. Schlechtem Wetter können Jollen nicht trotzen. Sie kippen leicht um. Das nennt man übrigens kentern.
- Der *Jollenkreuzer* hat auch ein Schwert, ist jedoch größer als die Jolle. Außerdem hat ein Jollenkreuzer eine Kajüte, die bei schlechtem Wetter vor Wind und Regen schützt. Das offene Meer kann man allerdings auch mit einem Jollenkreuzer nicht befahren.
- *Kielboote* sind kentersicher, denn sie haben ein Ballastgewicht aus Blei oder Eisen. Durch dieses Gewicht richten sie sich immer wieder auf. Auch wenn sie durch eine starke Bö aufs Wasser gedrückt werden, ploppen sie wie ein Stehaufmännchen wieder aufrecht in die Horizontale. Trotzdem kann man mit einem Kielboot untergehen. Wenn es voll Wasser läuft – das nennt man leckschlagen –, wird es in die Tiefe gezogen und geht unter.
- *Katamarane* sind Mehrrumpfboote. So hat ein Katamaran zwei gleich lange Rümpfe, ein Trimaran hat sogar drei Rümpfe. Durch eine Brücke sind die Rümpfe miteinander verbunden. Diese Bootstypen haben keinen Kiel. Sie sind trotzdem durch ihre ausladende Breite sehr stabil. Kleine Rennkatamarane haben nur ein Trampolindeck zwischen den Rümpfen, bei größeren gibt es eine Kajüte.

Mast und Segel

Eine Yacht erhält ihre Typenbezeichnung nach der Anzahl der Segel und Masten. Der Mast war früher aus Holz, heute ist er bei den meisten Segelbooten aus Aluminium. Stramm gespannte Stahldrähte halten den Mast senkrecht stehend auf dem Deck. Diese Stahldrähte bezeichnen Segler als »stehendes Gut«. Zum stehenden Gut gehören die Wanten. »Laufendes Gut« heißen im Gegensatz dazu alle Drähte und Leinen, mit denen man etwas bewegen kann – wie zum Beispiel die Segel. Zum laufenden Gut gehören zum Beispiel »Fallen« und »Schoten«. Mit den Fallen kann man Segel hissen (also hochziehen), mit den Schoten kann man sie im Wind verstellen.

- Das *Katboot* hat nur ein Großsegel. Der Mast steht ganz weit vorne. Dieses Boot ist einfach zu bedienen.
- Die *Slup* hat zwei Segel: das Großsegel und ein Vorsegel, das Fock heißt.
- Der *Kutter* ist wie die Slup ein Einmaster, doch er hat zwei Vorsegel: die Fock und davor den Klüver.
- Der *Schoner* ist ein klassischer Zweimaster. Es gibt einen Großmast und einen etwas kürzeren sogenannten Fockmast. Die beiden Masten sind häufig gleich lang.

Was meint der Segler?

- Der *Bug* ist der vordere Teil beim Schiff.
- Das *Heck* ist hinten.
- *Steuerbord:* Gemeint ist die rechte Seite des Schiffes, wenn man in Fahrtrichtung schaut!
- *Backbord* ist die gegenüberliegende linke Seite.
- *Querab* sagt der Segler, wenn er von der Mitte des Schiffes ausgeht: Es gibt Steuerbord querab (von der Mitte rechts) und Backbord querab (von der Mitte links).
- *Luv* ist die Seite, von der der Wind weht.
- *Lee* ist die vom Wind abgewandte Seite (kleine Eselsbrücke: Lee – nee (also kein Wind!).
- *Anluven* bedeutet mit dem Bug (also der Vorderseite des Schiffes) näher an den Wind gehen.

- *Abfallen* ist das Gegenteil: Man dreht mit dem Bug vom Wind weg.
- *Wenden* heißt, daß man die Richtung ändert und mit dem Vorderteil des Schiffes, also dem Bug, durch den Wind geht. Der Kapitän gibt der Mannschaft das Kommando: »Wenden – Klar zum Wenden! – Ree! Über die Segel!«
- *Halsen* ist ebenfalls eine Richtungsänderung, aber das Boot geht beim Halsen mit dem Heck (also der Hinterseite des Schiffes) durch den Wind. Dieses Manöver ist nicht ungefährlich, denn das Boot kann leicht kentern. In Gefahrensituationen ist die »Gefahrenhalse« jedoch ideal, denn man kann abrupt stoppen und den Kurs wechseln. Das erfordert allerdings Erfahrung.
- *Kreuzen* heißt abwechselnd über Backbord- und Steuerbordbug segeln. Der Zickzackkurs ist erforderlich, da man nur so gegen den Wind segeln kann.

Achtung! Ohren auf!

Auf dem Wasser verständigt man sich mit akustischen Signalen. Dabei ist die Dauer der Signale wichtig: Ein langer Ton (–) dauert vier Sekunden, ein kurzer Ton (*) etwa eine Sekunde.
- Ein langer Ton – bedeutet: Achtung!
- Ein kurzer Ton * bedeutet: Ich bewege mich nach Steuerbord (also nach rechts).
- Zwei kurze Töne ** bedeuten: Ich bewege mich nach Backbord (also nach links).
- Drei kurze Töne *** bedeuten: Ich fahre rückwärts.
- Vier kurze Töne **** bedeuten: Ich bin manövrierunfähig.
- Ein langer und ein kurzer Ton – * bedeuten: Ich wende über Steuerbord.
- Ein langer und zwei kurze Töne – ** bedeuten: Ich wende über Backbord.

Das Bleib-weg-Signal

Wer dieses Signal hört, muß so schnell wie möglich davonsegeln! Es geht bei dem Warnsignal immer um Schiffe mit giftiger, explosiver oder radioaktiver Ladung, die irgendwie in Schwierigkeiten geraten sind. Dann hört man mindestens eine Viertel-stunde lang eine Folge von Tönen, und zwar: kurz, lang, kurz, lang: * – * – * –

Segelalphabet für Landratten

- *Abdriften:* Das Boot kommt seitlich vom Kurs ab.
- *Ablandig:* Der Wind weht von Land her.
- *Abschlagen:* So nennt man das Abnehmen der Segel.
- *Abtakeln:* Bevor ein Boot zum Überwintern eingelagert wird, müssen Mast, Wanten etc. abgebaut werden. Das nennt man abtakeln.
- *Anschlagen:* Wird ein Segel befestigt, spricht man vom An-schlagen. Das Gegenteil nennt der Segler »abschlagen«.
- *Aufbrisen:* Nimmt der Wind an Stärke zu, spricht man vom Aufbrisen.
- *Belegen:* Wenn eine Leine sachgerecht an einem Poller oder ähnlichem festgemacht wird, spricht der Segler vom Belegen.
- *Boje:* An einer Boje kann man ein Segelboot festmachen, denn sie ist im Grund verankert (siehe auch *Tonnen*, S. 43).
- *Fahrwasser:* Das ist die durch Seezeichen markierte Fahrrinne, die sicher an Untiefen oder Sandbänken vorbeiführt.
- *Fender:* Das sind Polster aus Kork, Hartplastik und anderen Materialien, die die Bordwand beim Anlegen abfedern und das Schiff so vor Schäden bewahrt.
- *Feuer:* Leuchttürme und Lichter von Seezeichen werden auch als Feuer bezeichnet. (Dort brannten ganz früher nämlich ech-te Feuer.)
- *Havarie:* Wird eine Yacht bei einer Kollision, in einem Sturm oder durch eine Grundberührung beschädigt, spricht man von einer Havarie.
- *Hissen:* So nennt man das Hochziehen eines Segels oder einer Flagge.
- *Krängung:* Kommt ein Boot in eine Schräglage, spricht man von einer Krängung.
- *Lenzen:* Wenn Wasser in einem Boot steht, muß es herausge-pumpt oder ausgeschöpft werden. Das nennt man lenzen.
- *Ösfaß:* Das ist ein Gefäß zum Wasserschöpfen. Die Segler sprechen beim Wasserschöpfen auch vom Ösen.

Die wichtigsten Knoten

Achterknoten

Schotstek

Kreuzknoten

Palstek

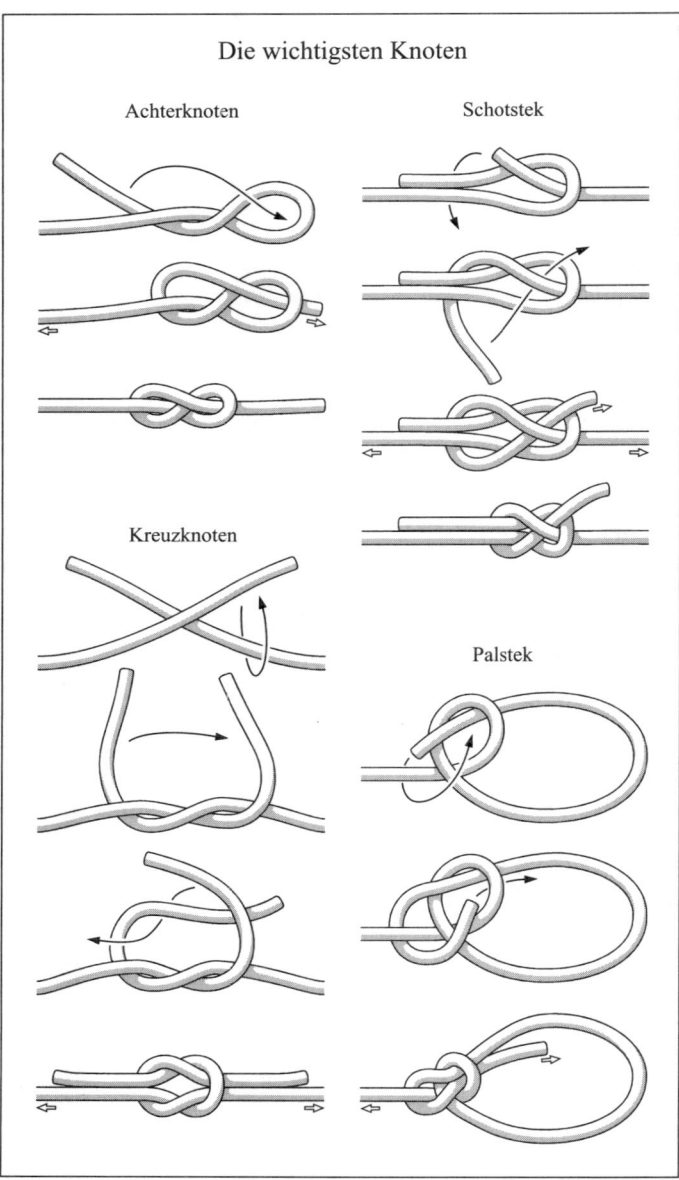

- *Poller:* Kurze Pfähle zum Festmachen von Leinen nennt man Poller.
- *Ruder:* Das Steuer eines Bootes nennt man Ruder. Wer eine Yacht steuert, wird auch Rudergänger genannt.
- *Schot:* Es gibt Leinen, die regulieren die Stellung der Segel im Wind. Diese Leinen heißen Schot. Es gibt nach dem jeweiligen Segel die Fockschot, Großschot und Spinnakerschot.
- *Stampfen:* Wenn ein Schiff in Längsrichtung schaukelt, spricht der Segler vom Stampfen.
- *Takelage:* Der Mast und die Bäume, alles stehende und laufende Gut, werden als Takelage bezeichnet. Heute spricht man auch vom Rigg.
- *Törn:* Darunter versteht man einen Segelausflug. Doch auch eine verdrehte Leine bezeichnet man als »vertörnt«.
- *Tonnen:* Sie werden häufig auch als Boje bezeichnet, sind jedoch Seezeichen oder Wendemarken bei einer Regatta. An Tonnen darf man auf keinen Fall festmachen.
- *Trimmen:* Alles, was ein Boot schneller macht, nennt man trimmen.
- *Tampen* sind dicke Seile zum Festmachen von Booten.

Die wichtigsten Knoten

- *Der Achterknoten:* Er gehört jeweils an das Ende eines Tampens (Seiles), damit es nicht durch Blöcke oder Ösen durchrutschen kann.
- *Der Kreuzknoten:* Wenn man zwei gleich starke Seile miteinander verbinden will, nimmt man den Kreuzknoten. Die Tampen müssen allerdings aus demselben Material sein.
- *Der Schotstek:* Mit einem Schotstek kann man zwei ungleiche Tampen verbinden. Wenn sie aus unterschiedlichem Material oder unterschiedlich dick sind, empfiehlt sich der doppelte Schotstek.
- *Der Palstek:* Er ist der wichtigste Knoten an Bord. Mit ihm kann man ein »Auge« formen, das sich nicht zusammenzieht. Man braucht den Palstek zum Festmachen des Bootes an einem Poller oder Pfahl. Im Notfall kann man auch einen Menschen damit sichern.

Ab in den Wald!

Auf der Pirsch

Schon früh hatten sich die Männer auf den Weg in den Wald gemacht. Alle waren sie aufgeregt. Denn heute war eine Jagd ange-
sagt. Was der Tag wohl bringen würde? Nach der Erklärung des
Jagdgebietes und aller Sicherheitsvorschriften durch den Jagd-
herrn, der Jagdfreunde ebenso wie Treiber eingeladen hatte, wird
mit dem Jagdhorn das Signal zum Beginn der Jagd geblasen.

Schon seit Jahrzehnten ist die Jagd keine reine Männerdomä-
ne mehr. Selbstverständlich sind auch Frauen Jagdpächterinnen
wie Jagdgäste, aber über lange Zeit hinweg war die Jagd – wie
dies bei vielen Naturvölkern heute noch der Fall ist – reine Män-
nersache.

Stellt die Jagd heute für manchen ein gewisses Privileg dar,
so waren die altsteinzeitlichen »Jäger und Sammler« zum Überleben auf die Jagd angewiesen. Nur so erhielten sie wertvolles
tierisches Eiweiß sowie wichtige Materialien wie Knochen, die
sie als Werkzeuge verwendeten, oder Felle, welche als Ausgangs-
produkt für Kleidung, Zelte und Decken dienten.

Mit dem Seßhaftwerden der Menschen machten sie sich von
der Jagd allmählich unabhängig, und dennoch spielte sie eine
wichtige Rolle im sozialen Leben der verschiedenen Stämme und
Gruppen. Immer war Jagd auch mit einer eigenen Mystik verbunden, das zeigen schon Tempel und Kulte, welche etwa der
griechischen Jagdgöttin Artemis oder der römischen Jagdgöttin
Diana gewidmet waren.

Insbesondere ab dem Mittelalter wurde die Jagd ein Privileg
adliger und kirchlicher Würdenträger. Dabei entwickelte sich

auch die heute noch gebräuchliche Bezeichnung Hochwild und Niederwild. Hochwild, wozu etwa der Hirsch gehört, war dem weltlichen Adel oder den Fürstbischöfen vorbehalten, während das Niederwild – also die »niedere Jagd« auf kleineres Wild wie Reh, Hase und Fasan – den »niederen Schichten« wie dem niederen Klerus zukam. Heute ist die Jagd prinzipiell allen zugänglich, die einen Jagdschein erwerben, entweder eine Jagd pachten, einen eigenen Jagdbezirk haben – also über entsprechend großes Land verfügen – oder die als Jagdgäste entweder bei Einzelbegehungen oder bei Jagden, zu denen sie eingeladen werden, eine Jagdberechtigung vom Jagdausübungsberechtigten erhalten. Egal, ob Opa selbst Jäger war, ob er früher mal als Treiber bei einer Jagd mitwirkte oder ob er nur am Stammtisch dem Jägerlatein lauschte; immer hatte das Thema Jagd eine eigene Faszination. Und irgendwie kannte Opa immer jemanden, der Zugang zu einer Jagd hatte und wenigstens einmal einen guten Rehbraten, einen Hasen oder ein Stück Wildschwein besorgen konnte. Heute haben wir es dabei einfacher: Es gibt in Wildgeschäften entsprechendes Wild zu kaufen, und viele Jäger freuen sich, wenn sie Abnehmer für ihr Wild finden (Auskünfte hierzu geben übrigens die örtlichen Jagdpächter oder Jagdgenossenschaften, deren Adresse über das jeweilige Bürgermeisteramt in den Städten und Gemeinden erfragt werden kann).

Man unterscheidet verschiedene Jagdarten:

- *Einzeljagd:* Diese wird vom Jäger entweder auf der Pirsch oder als Ansitzjagd ausgeübt.
- *Treibjagd:* Mehrere Treiber und Hunde bringen das Wild zur Flucht, damit es von den Jägern erlegt wird. Treibjagden gelten vor allem Hasen und Niederwild (außer Rehe).
- *Drückjagd:* Treiber – mit oder ohne Hunde – bewegen sich durch das Jagdgebiet, um das Wild aus seinem Unterschlupf zu locken. Ziel ist es, daß die Tiere nicht flüchten, sondern eher normal durch das bejagte Gebiet ziehen, wo es auf den gewöhnlichen Wechseln auf die wartenden Jäger zukommt. Drückjagden werden insbesondere auf Schwarzwild und Rotwild ausgeübt.
- *Bewegungsjagd:* Meist für große Reviere oder mehrere Jagdreviere zusammen. Dabei werden die Jäger weiträumiger auf-

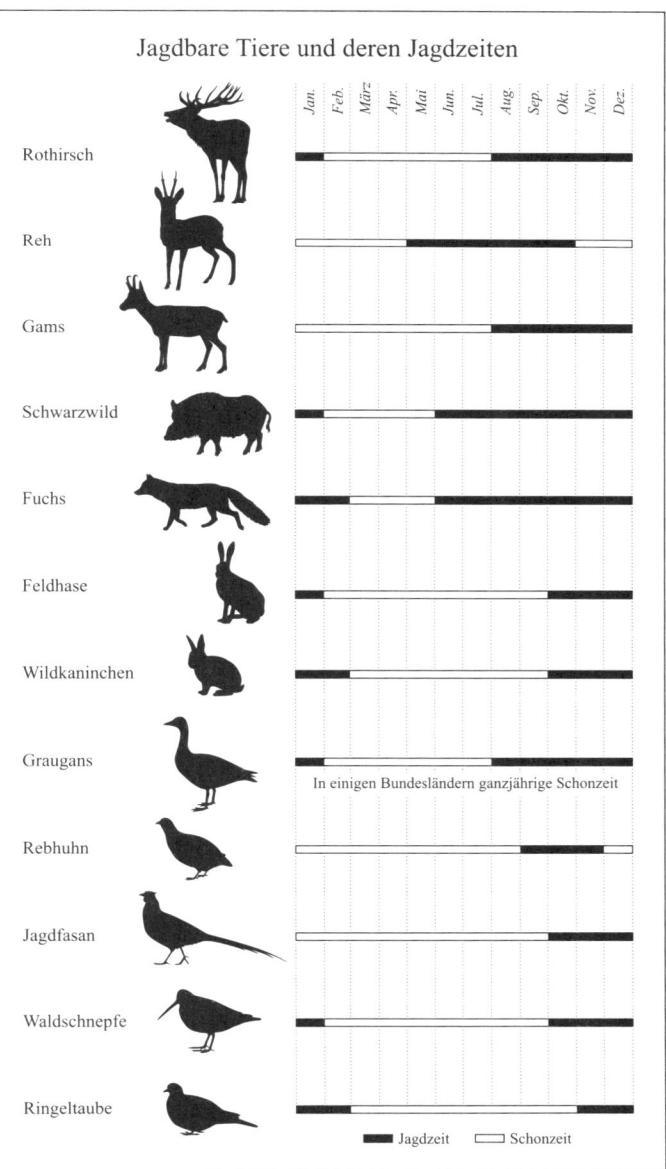

Jagdbare Tiere und deren Jagdzeiten

In einigen Bundesländern ganzjährige Schonzeit

Jagdzeit   Schonzeit

gestellt und das Wild so beunruhigt, daß es nicht fluchtartig, sondern in normalen Bahnen auf die Jäger zuzieht.

* *Beizjagd:* Dies ist die Jagd, welche Falkner mit Hilfe von Greif-vögeln (zum Beispiel Wanderfalke) ausüben. Hierfür sind spe-zielle Falknerscheine notwendig.

Viele Tierarten, die früher gejagt werden durften, sind heute ge-fährdet oder vom Aussterben bedroht und stehen deshalb unter Naturschutz. Andere Arten unterliegen zwar noch dem Jagd-recht, stehen aber unter ganzjähriger Schonzeit.

Was wie und wann gejagt werden darf, regeln die Jagdgesetze. In Deutschland, Österreich und der Schweiz gibt es als Rahmen-gesetze entsprechende Regelungen auf Bundesebene. In Deutsch-land und Österreich gibt es noch Jagdgesetze in den entspre-chenden Ländern und in der Schweiz kantonale Jagdgesetze.

Den rechtlichen Bestimmungen zufolge gibt es in den jewei-ligen Regionen im deutschsprachigen Raum unterschiedliche Jagdzeiten. Die nachstehenden Beispiele sind also nur Mittelwer-te. Außerdem unterscheiden die Gesetze nicht nur nach Wildart, sondern auch etwa, ob es sich beim Rehwild um einen Rehbock, um Schmalreh (junges Reh), um Ricken (weibliches Reh) oder um Kitze (Jungtiere) handelt. Auch beim Schwarzwild wird zwi-schen Keilern (männliches Wildschwein), Bachen (weibliches Wildschwein), Überläufern (junges, noch nicht ausgewachsenes Wildschwein) und Frischlingen (Jungtiere) unterschieden.

* *Rothirsch:* August bis Januar
* *Rehbock:* Mai bis Oktober
* *Gams:* August bis Dezember
* *Schwarzwild* (Keiler und Bachen): Juni bis Januar (nicht wäh-rend der Jungenaufzucht, in einigen Bundesländern ganzjäh-rig)
* *Feldhase:* Oktober bis Januar
* *Wildkaninchen:* Oktober bis Februar (in einigen Bundeslän-dern ganzjährig)
* *Fuchs:* Juni bis Februar (in einigen Bundesländern ganzjährig)
* *Graugans:* August bis Januar (in einigen Bundesländern – ebenso wie andere Gänsearten – ganzjährige Schonzeit)
* *Rebhuhn:* September bis November

- *Jagdfasan:* Oktober bis Dezember
- *Waldschnepfe:* Oktober bis Januar
- *Taube:* November bis Januar
- *Ringeltaube:* November bis Februar

(Alle Angaben zu Jagdzeiten sind nur ungefähr; Genaues regeln die Jagdgesetze und die dazu ergangenen Ausführungsbestimmungen der jeweiligen Bundesländer.)

Bäume und Sträucher in Wald und Flur

Immer mehr Menschen zieht es raus in Wald, Feld und Flur. Heute können wir es uns leisten, nur zum Vergnügen unterwegs zu sein, zu wandern oder ganz einfach nur um spazierenzulaufen. In früheren Zeiten war es jedoch überlebensnotwendig, daß die Leute rausgingen. Sie mußten in den Wald, um Bäume zu fällen, um Brennholz aufzulesen oder Bucheckern, Eicheln und andere Früchte zu sammeln. Je nach Gegend mußten die späteren Opas schon als Kinder auf Weiden und Heiden Schafe und Rinder hüten oder im Herbst am Ackerrand oder Bach Hecken auf den Stock setzen oder Kopfweiden schneiden. Eigentlich gab es rund um das Jahr immer etwas zu tun. Und so lernte Opa – wie die Opas zuvor – ganz automatisch, wie sich die einzelnen Bäume und Sträucher unterscheiden, welche Früchte sie tragen und was man aus diesen machen kann. Und sie lernten, was man am besten aus dem jeweiligen Holz fertigen kann. So mancher Wanderer kann heute gerade noch Nadel- von Laubgehölzen unterscheiden. Doch wenn es darum geht: »Was ist eine Tanne und was ist eine Fichte?«, hört es bei vielen schon auf. Und erst recht bei den Laubbäumen. Wie unterscheiden sich die verschiedenen Eichen und wo sind sie zu finden? Wo wachsen Eschen und wo Erlen?

Damit wir nicht völlig ahnungslos durch die Gegend laufen, sondern wieder mehr bei unseren Spaziergängen und Wanderungen bewußt erleben, sollten wir uns wieder das Wissen aus Opas Zeit aneignen. Es ist gar nicht so schwer, zwischen den verschiedenen Baum- und Straucharten den Durchblick zu behalten.

Den brauchen wir, damit es nicht heißt: »Vor lauter Bäumen den Wald nicht sehen.«

Die wichtigsten Bäume der Wälder

- *Stieleiche (Quercus robur):* Ein wertvoller Forstbaum, der heute auch in manchen Parks anzutreffen ist. An jedem Stiel sitzen mehrere Eicheln (an einem gemeinsamen, nur je etwa 1 Zentimeter langen Stiel). Hiervon kommt der Name. Kann bis zu 600 Jahre und älter werden. Früher wurde aus der Rinde Gerberlohe gewonnen. Außerdem wurden einst die Schweine in die Wälder getrieben, um sie mit den Eicheln zu mästen. Die Stieleiche wird zwischen 20 und 50 Meter hoch und wird auch Sommereiche genannt.

- *Traubeneiche (Quercus petraea):* Kennzeichnend sind die traubenartig beieinandersitzenden Eicheln (an einem gemeinsamen, je etwa 3 bis 8 Zentimeter langen Stiel). Wird auch Wintereiche genannt. Die Traubeneiche wird ca. 15 bis 40 Meter hoch und liefert nicht nur wie die Stieleiche wertvolles Möbel- sowie Furnierholz, sondern auch die Grundlage für Barrique- und Cognacfässer.

- *Flaumeiche (Quercus pubescens):* Der Name des bis zu 20 Meter großen Baumes geht auf die jungen Zweige und Blätter zurück, welche im Frühjahr flaumig behaart sind. Anders als bei Trauben- und Stieleiche sind die Blätter kürzer. Es handelt sich um eine mehr südliche, Wärme liebende Art, welche im Süden und Osten Europas häufiger verbreitet ist, weshalb sich das Verbreitungsareal in Folge der Klimaerwärmung vielleicht künftig stärker nach Norden ausdehnt.

- *Rotbuche (Fagus sylvatica):* Kennzeichnend sind der glatte Stamm mit der weißlich grauen Rinde. Die oft mächtigen Bäume können über 300 Jahre alt werden und wachsen bis zu einer Höhe von 40 Meter. Typischer Baum der Laubwälder in Mittel- und Westeuropa. Durch die Klimaveränderungen gefährdet, da Rotbuchen sommerfeuchtes Klima mit rund 500 Milliliter Jahresniederschlag benötigen. In früheren Zeiten wurden die Blätter in manchen Gegenden als Einstreu für die Ställe benutzt. Aus den Früchten (Bucheckern) wurde früher wertvolles Öl gewonnen.

Die wichtigsten Waldbäume

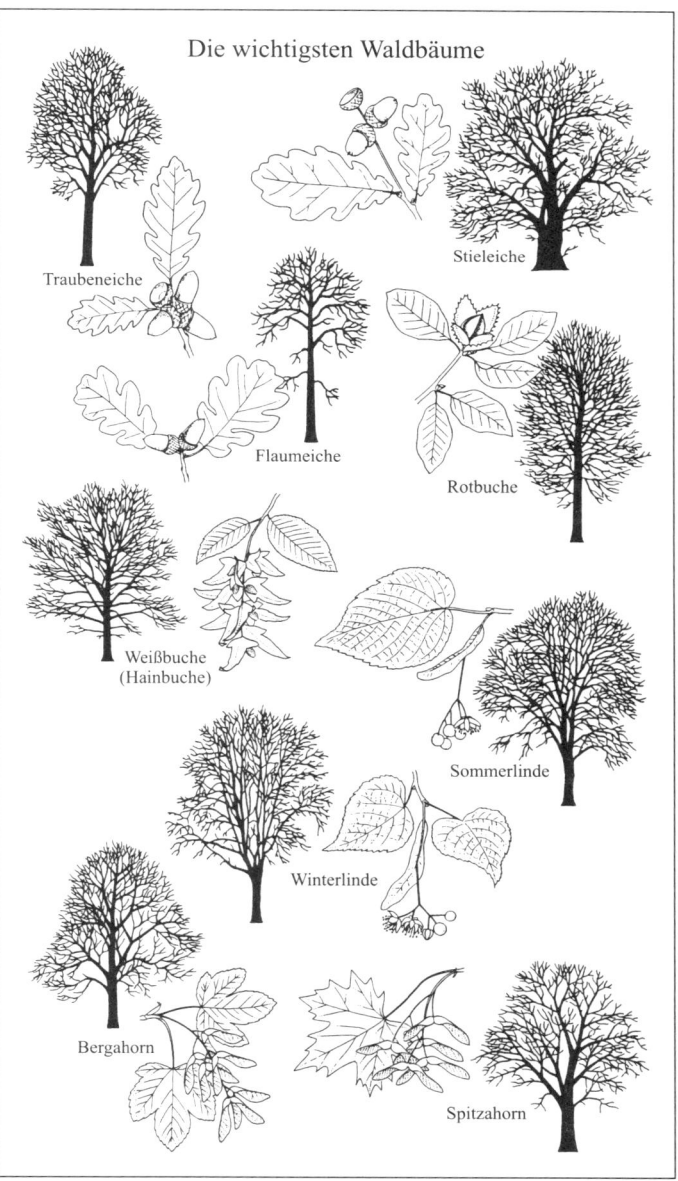

Traubeneiche

Stieleiche

Flaumeiche

Rotbuche

Weißbuche
(Hainbuche)

Sommerlinde

Winterlinde

Bergahorn

Spitzahorn

Die wichtigsten Waldbäume

Edelkastanie

Roßkastanie

Waldkiefer

Weißbirke

Lärche

Zirbelkiefer

Schwarzkiefer

Weißtanne

Fichte

- *Weißbuche/Hainbuche (Carpinus betulus):* Das Wort Weißbuche ist eine volkstümliche Bezeichnung. Die Hainbuche selbst ist nämlich keine Buche, sondern mit der Birke verwandt. Der Name des bis zu 25 Meter hohen Baumes geht im Gegensatz zur Rotbuche auf das helle Holz der Hainbuche/Weißbuche zurück. Sie hat ein sehr hartes Holz und bevorzugt feuchte, nährstoffreiche Böden. Als einzeln stehende Bäume oder auch als Hecken in Parks und Gärten vielfach gepflanzt (diverse Zierformen). Das Holz war einst wegen der Fäulnisbeständigkeit für den Mühlenbau oder die Wagnerei (Herstellung von Holzrädern und Karren) begehrt. Die Blätter unterscheiden sich von der Rotbuche durch den scharf doppelt gesägten Rand.
- *Sommerlinde (Tilia blatyphyllos):* Eher etwas südliche Art, welche in Schluchtwäldern auf nährstoffreichem, lockerem Grund – auch steinigeren Lehmböden – gedeiht. Bedarf entsprechender Luftfeuchtigkeit. Blüht ungefähr in der ersten Junihälfte mit ca. zwei bis fünf Blüten im doldigen, hängenden Blütenstand. Die Sommerlinde ist auch die typische Dorflinde, wie man sie vielfach in alten Dorfzentren, aber auch in Stadtparks findet. Wird bis zu 40 Meter hoch und kann durchaus 800 bis 1000 Jahre alt werden.
- *Winterlinde (Tilia cordata):* Ebenfalls auch ein Dorf- und Parkbaum. Wird ungefähr 30 Meter hoch und ist etwas robuster als die Sommerlinde. Die Blüten werden noch heute als Lindenblütentee genutzt; es ist auch ein wichtiger Baum als Bienenweide. Blüht von Mitte Juni bis Juli. Meist sitzen fünf bis elf Blüten in doldigem und hängendem Blütenstand beisammen. Schon die Römer schätzten die Linde wegen der vielen Blüten als wichtige Bienenweide, und es war verboten, die Bäume zu fällen.
- *Edelkastanie/Eßkastanie (Castanea sativa):* Bekannt sind die Maronen; die eßbaren Früchte. Der bis zu 35 Meter hohe Baum wurde zur Römerzeit weit verbreitet und gedeiht insbesondere in mildem, luftfeuchtem Klima. Die ursprüngliche Heimat ist das südliche Europa.
- *Bergahorn (Acer pseudoplatanus):* Besiedelt steile Täler und Schluchtwälder und kommt auch auf geröllhaltigem Gelände vor. Die Blätter sind fünfteilig; die gelbgrünen Blüten hängen in traubenartigen Gebilden. Die Blüten sind im späten Früh-

ling zu sehen. Das Holz war einst für Drechslerarbeiten wie auch als Brennholz begehrt. Heute wird es als helles Möbelholz stark nachgefragt. Der 10 bis 30 Meter hohe Baum kann gut 100 Jahre alt und älter werden.

- *Spitzahorn (Acer platanoidis):* Das Ahornblatt ist vielen als Symbol der kanadischen Flagge bekannt. Meist ist es der bis zu 20 Meter hohe Spitzahorn, welchen man auch in Städten und Dörfern als Park- oder Alleebäume antrifft. Es gibt zahlreiche Gartenformen. Benötigt feuchte, nährstoffreiche, lockere und tiefgründige Böden. Das Holz gilt als nicht so wertvoll wie das des Bergahorns.

- *Roßkastanie (Aesculus hippocastanum):* Mehr in südlichen Gegenden in Wäldern verbreitet. Nördlich der Alpen eher selten im Wald; dafür aber häufig als Dorf-, Park- und Alleebaum bekannt. Der 15 bis 25 Meter hohe Baum stammt aus Südosteuropa und wurde im 16. Jahrhundert auch nördlich der Alpen verbreitet.

- *Weißbirke (Betula pendula):* Die 10 bis 25 Meter hohen Bäume sind in Mitteleuropa vielfach forstlich angepflanzt. Birken gedeihen zwar auf unterschiedlichen Böden, bevorzugen jedoch sandiges Substrat. Der Baum ist ziemlich frostresistent und deshalb von der natürlichen Verbreitung her mehr in nördlichen Gebieten zu finden. Es gibt noch etliche andere Birkenarten, unter anderem die Moorbirke, welche auch auf staunassen, sauren Böden gedeiht.

- *Waldkiefer (Pinus sylvestris):* Liefert wertvolles und dauerhaftes Nutzholz. Wächst auch im Bereich felsiger und sandiger Bereiche, an denen Laubbäume kaum überleben können. Recht windfest durch die tiefen Wurzeln. Wird bis zu 40 Meter hoch und 500 bis 600 Jahre alt. Das harzreiche Holz ist zwar weich, doch recht feuchteresistent. Deshalb war es früher auch als Bau- und Werkmaterial begehrt. Aus dem Holz der Waldkiefer gewann man auch Harz, Pech und Teer sowie Terpentin. Vor langer Zeit wurden die langen Nadeln zerfasert, um damit »Waldwolle« zu gewinnen. Es diente als Füll- und Isolationsmaterial, und es gab Gegenden, in denen die Fasern zu »Gesundheits-Flanell« verarbeitet wurden.

- *Lärche (Larix decidua):* Ein Nadelbaum, dessen Nadeln sich im Herbst goldgelb färben und die dann anschließend abgeworfen werden. Stammt ursprünglich aus den Alpen; ist aber heute weit verbreitet. Der bis zu 50 Meter hohe Baum benötigt Sommerwärme und eher trockene Luft. Einer der Bäume, die bei austrocknenden Böden schnell Dürreschäden zeigen. Schreiner schätzen das Holz für unterschiedliche Werkarbeiten.

- *Zirbelkiefer (Pinus cembra):* Der 10 bis 20 Meter hohe Baum wird auch Arve genannt und kommt wild im Alpenbereich Mitteleuropas vor. Besiedelt Gesteinsschuttböden und erträgt sowohl Luft- als auch teilweise Bodentrockenheit. Aufgrund der oft extremen Standorte ist der Holzzuwachs sehr langsam. Viele Zirbelkiefern entwickeln bizarre Formen und werden oft auch als » Wetterbäume« bezeichnet. Die dunkelgrünen, 7 Zentimeter langen Nadeln sind dicht bebüschelt an den Zweigen angeordnet; die Rinde des Baumes ist hell- bis schwarzgrau.

- *Schwarzkiefer (Pinus nigra):* Der 25 Meter hohe Baum ist hauptsächlich in Südeuropa und im Mittelmeerraum verbreitet. Heute oft als Parkbaum verwendet. Erträgt trockene Böden und ist wärmeliebend. Kennzeichnend für die Nadeln ist die stechende Spitze und die dunkelgrüne Farbe. Deshalb und auch wegen des schwarzgrauen Stammes wird der Baum als Schwarzkiefer bezeichnet.

- *Weißtanne/Edeltanne (Abies alba):* Ein Baum der Bergwälder. Die an der Spitze stumpfen Nadeln sind meist in zwei Reihen am Ast entlang angeordnet. Die reifen Zapfen stehen aufrecht auf dem Ast. Es gibt Tannen mit einer Höhe von 60 Meter und fast 10 Meter Stammumfang. Der Baum liefert sehr wertvolles Bau- und Werkholz. In manchen Lagen sind die Bäume durch die Klimaveränderung gefährdet; denn Weißtannen gedeihen nur an luftfeuchten Standorten.

- *Fichte/Rottanne (Picea abies):* Ein ursprünglich im Gebirge verbreiteter Baum, welcher als Nutzbaum durch die Förster weit verbreitet wurde. Wächst rasch und ist anspruchslos. Im Gegensatz zum Tannenzapfen hängen die Fichtenzapfen nach unten und werden bis zu 15 Zentimeter lang. Das Holz wird zur Papierherstellung, aber auch als Bauholz (Stangenholz) verwendet. Wird bis zu 50 Meter hoch. Im Gegensatz zur Weißtanne liefert die Fichte rötliches Holz (Name!). Früher war die Fichte der typische Weihnachtsbaum, welcher heute durch die aus Skandinavien stammenden, aber auch in Mitteleuropa angepflanzten Nordmanntannen und andere Zierarten verdrängt wurde.

Bäume und Sträucher der Hecken und Feldgehölze

- *Schlehe/Schwarzdorn (Prunus spinosa):* Der Name Spinosa geht auf die spitzen Dornen des Strauches (aufspießen) zurück. 1,50 bis 4 Meter hoher Strauch, der im März und April auffallend weiß blüht. Wichtige Bienenweide! Die Schlehe ist ein Rosengewächs und eine wilde Verwandte der Zwetschgen und Pflaumen.

- *Vogelkirsche (Prunus avium):* Die Wilde Kirsche wird zwischen 10 und 25 Meter groß und kommt in Mitteleuropa im Bereich von Hecken, Feldgehölzen aber auch an Waldrändern vor. Der Baum bevorzugt nährstoffreiche, lehmige und eher feuchte Böden. Blüht auffällig zwischen April und Mai. Kirschbäume liefern wertvolles Möbel- und Furnierholz.

- *Traubenkirsche (Prunus padus):* Die Früchte sind nur etwa 1 Zentimeter im Durchmesser und sitzen traubenförmig beieinander. Der Strauch ist zwischen 2 und 5 Meter hoch und wird auch schon mal baumförmig bis zu 10 oder 12 Meter groß. Bevorzugt nährstoffreiche, lehmige Böden.

- *Heckenrose (Rosa canina):* Die Hecken- oder Hundsrose blüht im Juni und wird bis zu 3 Meter hoch. Es gibt vielerlei Wildrosen, die oft nicht voneinander zu unterscheiden sind. Die Früchte der Heckenrose – die Hagebutten – enthalten viel Vitamin C und Provitamin A und können zu Marmelade verarbeitet werden und liefern auch in getrockneter und zermahlener Form die Basis für den »Hagebuttentee«.

- *Haselstrauch (Corylus avellana):* Wird zwischen 2 und 5 Meter hoch und ist durch die Haselnußkätzchen (Würstchen) im Frühjahr bekannt. Die Haselnußkerne sind sehr nährstoffreich und waren deshalb früher sehr begehrt. Aus den Stöcken des Haselstrauches hat man früher Wanderstöcke und Gerätestiele hergestellt. Auch hat man sie für das anschließend mit Lehm oder Mörtel verputzte Flechtwerk zwischen den Balken der Fachwerkhäuser verwendet. So mancher Wünschelrutengänger schwört auf Haselnußzweige.

Bäume und Sträucher der Hecken und Feldgehölze

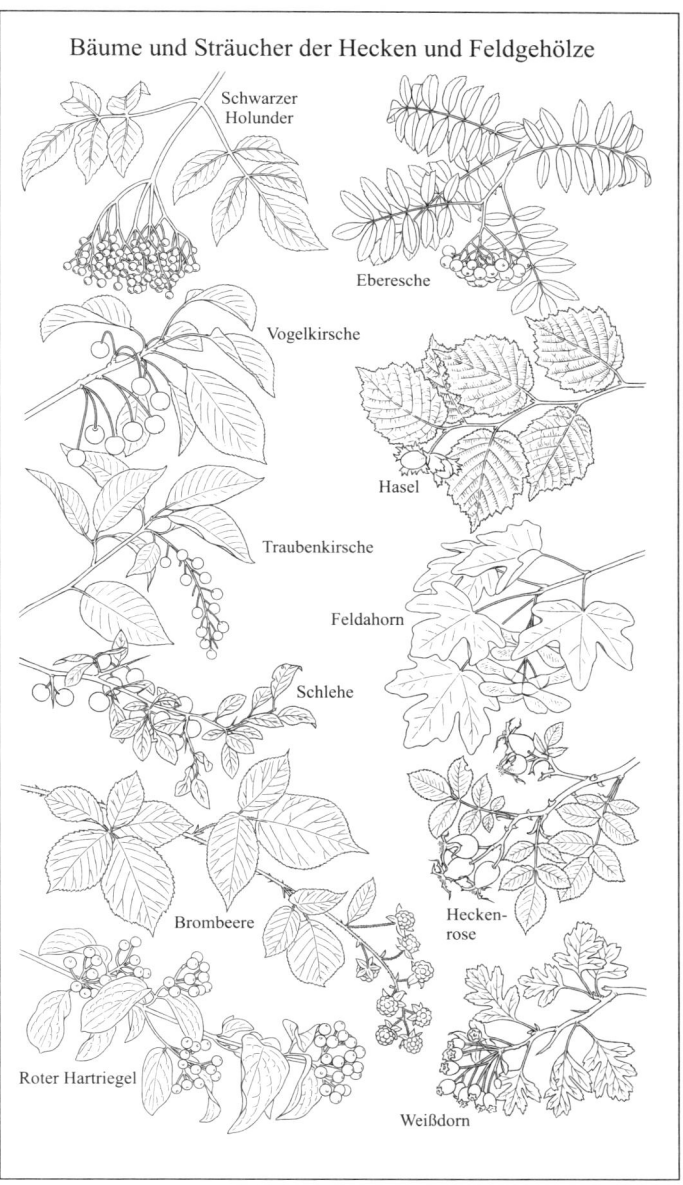

Schwarzer Holunder

Eberesche

Vogelkirsche

Hasel

Traubenkirsche

Feldahorn

Schlehe

Brombeere

Heckenrose

Roter Hartriegel

Weißdorn

- *Schwarzer Holunder (Sambucus nigra):* Mal eher Strauch, mal baumförmig und bis zu 8 Meter hoch. Blüht im Juni mit weiten stark duftenden Doldenblüten. Hieraus kann man Holunderschaumwein herstellen; auch eignen sich die Blüten für Holderküchlein, wozu diese in Pfannkuchenteig ausgebacken werden. Die kleinen schwarzen Früchte reifen von August bis Oktober und lassen sich zu Fruchtsaft ebenso verarbeiten wie zu Marmelade. In ungekochtem Zustand sind die Beeren jedoch leicht giftig. Der Name Holunder geht auf die germanische Göttin Holla zurück, deren Lieblingsbaum dieses Gewächs gewesen sein soll. Die Göttin Holla ist auch als Frau Holle durch das gleichnamige Märchen der Gebrüder Grimm bekannt.
- *Brombeere (Rubus fruticosus):* Von Brombeeren gibt es zahlreiche Sippen und Varianten. Sie sind an vielerlei Standorten wie Hecken, Waldrändern anzutreffen. Es ist eine Pionierart, die oft aufgelassenes Brachland besiedelt und in deren Schutz infolge des dornenreichen Gesträuchs sich andere Gehölze ansiedeln. Die Früchte enthalten sehr viel Vitamin C und Mineralstoffe.
- *Weißdorn (Crataegus monogyna):* Der Name ist eigentlich irreführend. Der Strauch wird als Weißdorn bezeichnet, weil die verwandte Schlehe – ebenfalls ein Rosengewächs – dunklere Dornen hat als der Weißdorn. Beide Sträucher blühen weiß. Weißdornsträucher können bis zu 5 Meter hoch werden und werden oft auch in Gärten als Teil der Hecke angepflanzt.
- *Roter Hartriegel (Cornus sanguinia):* Ein Dickicht bildender Strauch, der gut 4 Meter breit werden kann und bis zu 5 Meter hoch aufwächst. Die Zweige schimmern rötlich und erscheinen im Herbst und Winter manchmal tiefrot. Die weißen Blüten erscheinen im Mai/Juni und gedeihen in flachen Dolden, aus denen sich die schwärzlichen, etwa erbsengroßen Früchte im September entwickeln.
- *Eberesche (Sorbus aucuparia):* Der Name hat nichts mit dem männlichen Schwein, also dem Eber, zu tun. Vielmehr geht er auf »Aber« wie Aberglaube zurück. Dies bedeutet, daß es sich nicht um »das Echte«, sondern um etwas Ähnliches handelt. Aber trotz der Ähnlichkeit der Blätter ist der Baum halt keine Esche, sondern eine »Nichtesche«, eine Eberesche. Dies zeigen im Frühling deutlich die doldig rispigen Blütenstände und im

Herbst natürlich die leuchtend roten Früchte. Die Früchte des ca. 15 Meter hohen Baumes enthalten Vitamin C und Provitamin A. Der Baum gehört eher zu den Gewächsen des Hügellandes und der Berge (ca. 800 bis 1800 Meter; aber vielerorts angepflanzt).

- *Feldahorn (Acer campestre):* Gedeiht als Busch oder Baum und wird ca. 3 bis 15 Meter hoch. Die Blätter sind fast immer kleiner als 10 Zentimeter und besitzen nur drei bis fünf stumpfe Lappen. Ist gut schnittverträglich und wurde als Brennholz früher beim »Auf-den-Stock-Setzen« von Hecken gewonnen.

Bäume und Sträucher an Bächen, Flüssen, Seen und Teichen

- *Schwarzerle (Alnus glutinosa):* Der bis zu 25 Meter hohe Baum gehört zu den Birkengewächsen. Die Blüten fallen durch ihre Kätzchenform auf. Kommen meist in Niederungsgebieten an Bachrändern, Auwäldern und Mooren vor. Weil das Erlenholz relativ weich ist, ist es leicht spaltbar. Beim Aufsägen erscheint es zunächst weiß und verfärbt sich dann an der Luft braun/rot.

- *Grauerle (Alnus incana):* Besiedelt mehr das Hügel- und Bergland, ist aber auch in der Lage, auf trockenen Böden zu gedeihen. Bindet Stickstoff aus der Luft. Auffällig sind auch hier die zapfenartigen Fruchtkätzchen. Das Birkengewächs wird bis zu 20 Meter hoch.

- *Zitterpappel (Populus tremula):* Der Name geht auf die Eigenschaft der Blätter zurück, welche schon beim kleinsten Lufthauch zitternd bewegt werden. Dies fördert die Transpiration des Baumes. Der auch Espe oder Aspe genannte Baum wird zwischen 12 und 25 Meter hoch.

- *Silberpappel (Populus alba):* Wird oft auch als »Pionierart« auf Böden angepflanzt, welche befestigt werden sollen. Dazu tragen die starken Wurzelaustriebe bei. Das Laub der bis zu 30 Meter hohen Silberpappel glänzt vor allem bei leichtem Wind silbrig, wenn die Blattunterseiten nach oben gekehrt werden. Hat wie alle Pappeln relativ weiches Holz.

- *Esche (Fraxinus excelsior):* Der bis zu 40 Meter hohe Baum kann gut 200 Jahre alt werden und liefert sehr stabiles Holz,

Bäume an Bächen, Flüssen und Seen

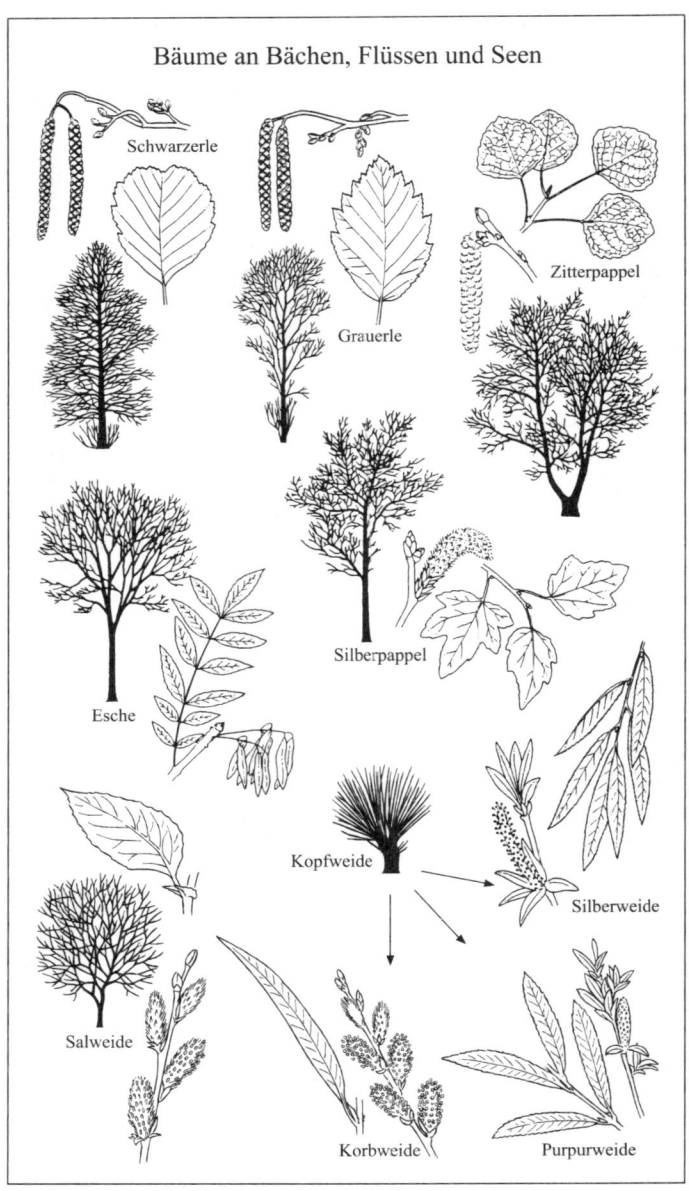

Schwarzerle

Zitterpappel

Grauerle

Silberpappel

Esche

Kopfweide

Silberweide

Salweide

Korbweide

Purpurweide

welches für Stiele von Schaufeln und Spaten sowie Äxten Verwendung findet. Die Blätter sind sehr groß und gefiedert.

- *Salweide (Salix caprea):* Meist als Strauch und weniger als Baum wachsend. Zwischen 2 und 10 Meter hoch. Bekannt durch die Palmkätzchen, welche im März oder April erscheinen. Der Strauch wird auch Palmweide genannt, weil er meist um Palmsonntag schon blüht. Alle Weidenarten enthalten in der Rinde als Fraßabwehr gegen Schädlinge Gerbstoffe und bittere Salizylverbindungen. Diese sind schmerzstillend, schweiß- und harntreibend. Das wußten schon unsere urzeitlichen Vorfahren. Das Wort Salizyl ist von salix abgeleitet, wie die Weiden schon bei den Römern hießen. Dieses geht wiederum auf salus zurück, was lateinisch Gesundheit bedeutet. Über das Salizyl der Weiden hat man die Ausgangsstoffe für das ebenfalls Salizylsäure enthaltende Aspirin entwickelt.

- *Kopfweide (Salix spec.):* In manchen Gebieten des norddeutschen Tieflandes, aber auch in den Flußtälern Mittel- und Süddeutschlands, Österreichs und der Schweiz sowie in Norditalien prägen Kopfweiden das Landschaftsbild. Kopfweiden sind keine eigene Pflanzenart, denn es eignen sich verschiedene Arten als Kopfweide, Dazu gehört etwa die Silberweide, Korbweide, aber auch die Purpurweide. Je nachdem wird der Stamm auf ca. 2 Meter Höhe abgesägt; dort wachsen in großer Zahl neue Triebe nach. Im Laufe der Zeit verdickt sich der oberste Abschnitt des Stammes; der Kopf der Weide entsteht. Kopfweiden müssen regelmäßig ausgesägt und damit gepflegt werden, da sie sonst unter der Last der Äste zusammenbrechen. Früher hat man die jungen Weidenzweige für die Herstellung von Flechtkörben, Kinderwiegen, Fischreusen und anderen Gebrauchsgegenständen verwendet; dickere Äste wurden und werden als Brennholz genutzt. In den Höhlen alter Kopfweiden nisten unter anderem Steinkauz, Gartenrotschwanz und verstecken sich manche andere Tierarten.

Was pfeift, singt, fliegt und flattert
am Wegesrand?

Welcher Vogel singt denn da, und welcher Schmetterling ist das auf der wilden Möhre? Viele Menschen können heute kaum mehr heimische Tier- und Pflanzenarten bestimmen. Viele Kinder kennen mehr Handy-Klingeltöne als Vogelstimmen und viele Erwachsene mehr Automarken als Wildpflanzen.

Opa kannte sich in der heimischen Fauna und Flora noch aus. Er beobachtete viele Tierarten und kannte die Namen der verschiedenen Blumen und Gräser. »Die Natur ist eben der beste Lehrmeister«, sagte er oft.

Heimische Schmetterlinge

Apfelwickler

Bläuling

Aurorafalter

Frostspanner

Zitronenfalter

Schachbrett

Tagpfauenauge

Distelfalter

Kleiner Fuchs

Schwalben-
schwanz

Admiral

Vögel in Garten, Feld und Wald

Feldsperling

Blaumeise

Kohlmeise

Buchfink

Mönchsgrasmücke

Goldammer

Stieglitz

Hausrotschwanz

Buntspecht

Gartenrotschwanz

Amsel

Rotkehlchen

Kleiber

Wendehals

Neuntöter

Star

Wacholderdrossel

Pirol

Steinkauz

Amphibien und Reptilien

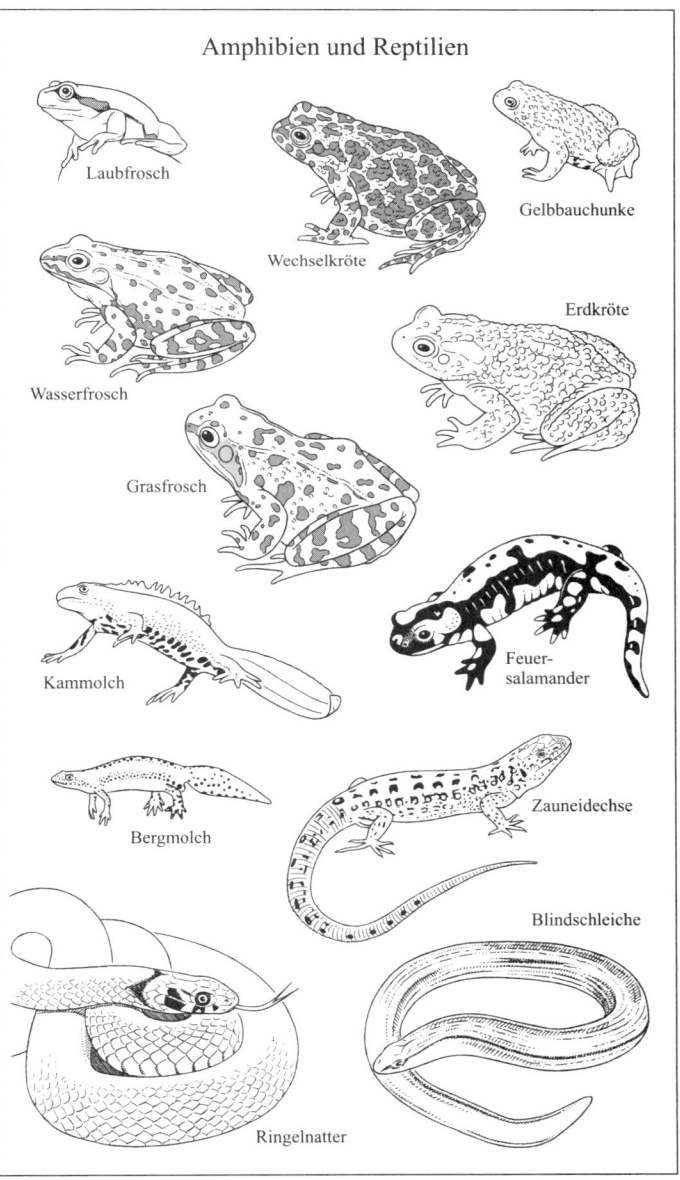

Laubfrosch

Wechselkröte

Gelbbauchunke

Erdkröte

Wasserfrosch

Grasfrosch

Kammolch

Feuer-
salamander

Bergmolch

Zauneidechse

Blindschleiche

Ringelnatter

Sonne, Wind und Regen – Opas Wetterregeln

Wann regnet es endlich? Bleibt es trocken? Diese Fragen haben sich früher viel mehr Menschen als heute gestellt. Weil nahezu jeder zum Teil auch Selbstversorger war und man für Mehl und Brot, Butter und Milch nicht einfach in den Supermarkt gehen konnte, mußte Opa genau Bescheid wissen. Zeigte sich etwa im Juni oder Juli, daß es für ein paar Tage sonnig und trocken sein würde, mußte man schon früh am Morgen hinausgehen, im frühen Morgentau mit der Sense das Gras mähen, dieses später, nachdem die Sonne Luft und Boden erwärmt hatte, mit der Heugabel wenden oder es auf Heuböcke zum Trocknen aufschichten. Dann galt es, das Heu – auf welches das Vieh den Winter über als Futter angewiesen war – trocken heimzubringen. Wehe, wenn da ein Gewitter aufzog und starker Regen die ganze Arbeit wieder zunichte machte. Heute helfen den Landwirten allerlei Maschinen, und dennoch sind sie auf das Wissen um das Wetter angewiesen. Denn sie haben mit den gleichen Nöten zu kämpfen wie damals. Allerdings können sie mit Hilfe moderner Technik schneller und gezielter arbeiten. Und so sind auch wir selbst auf Wohl und Wehe des Wetters angewiesen. Denn wenn verregnete Sommer den Bauern das Leben schwermachen und die Ernte bedrohen, dann steigen auch die Lebensmittelpreise, und jeder einzelne merkt, daß er letztlich immer noch auf die Natur angewiesen ist.

Seit Mitte der 90er Jahre wird dies durch nicht kalkulierbare Trockenperioden auf der einen Seite und Starkniederschläge mit zum Teil verheerenden Hochwässern auf der anderen Seite als Folgen des Klimawandels überdeutlich. Und so tun wir gut daran, uns wieder mehr mit Wolken und Wind, Regen und Schnee, Hagel und Eis zu beschäftigen; zu wissen, wie das Wetter am anderen Tag sein wird. Stellen wir uns nur mal vor, daß der Motor unseres Autos in einsamer Gegend den Geist aufgibt, nirgendwo eine Menschenseele zu finden ist, die hilft, und wir für ein, zwei oder mehr Tage ganz allein auf uns gestellt sind. Kein Wetterbericht aus Radio oder Fernsehen. Das Handy vielleicht nicht aufgeladen; jeglicher Kontakt zur medialen Außenwelt abgeschnitten. Ja, und in so einem Fall liegt dummerweise auch das tragbare GPS-Gerät zu Hause, mit dem man jetzt mühelos Standort, Himmelsrichtung und den Weg zum nächsten Dorf herausfinden könnte. Da ist es gut, an den Wolken ablesen zu können, ob es schon in Kürze blitzt und donnert oder wie am anderen Morgen das Wetter sein wird. Und es ist hilfreich, an Bäumen und Büschen zu erkennen, in welcher Richtung die sogenannte Wetterseite liegt, also von woher in der Regel heftiger Wind und Regen kommen.

Die alten bäuerlichen Wetterregeln helfen da sicher wenig weiter. Sie sind jedoch kulturelles Erbe der Wetterbeobachtungen vieler Opa-Generationen. Seit Jahrtausenden sind Wettervorhersagen von zentraler Bedeutung für Aussaat und Ernte. Die Menschen haben die Natur beobachtet und wiederkehrende Wetterphänomene von Generation zu Generation weitergegeben. So entstanden die Bauernregeln. Über 4000 Bauernregeln allein im deutschsprachigen Raum gibt es. Diese Wetterregeln variieren von Gegend zu Gegend; ja in machen Regionen von Tal zu Tal. Im Kern jedoch enthalten sie alle dieselbe Botschaft: Sie erzählen von der Auseinandersetzung mit der Natur und den Wettergewalten.

Einige dieser Regeln widersprechen sich, doch die bunte Mischung aus Wissen, Beobachtungen und Aberglaube ist nicht nur Humbug. Es gibt durchaus Bauernregeln, die bei der Wettervorhersage zutreffen. So zum Beispiel: Ist der Nachthimmel voller Sterne, kommt die Kälte gerne. Geht es um die Arbeit auf dem Feld, um Aussaat und Ernte, dann haben Bauernregeln sogar eine recht hohe Trefferquote. Hier einige Beispiele:

- *Januar, hart und rauh, ist gut für den Getreidebau* (denn der Frost tötet die Schädlinge im Boden ab).
- *Was der Bauer will, ist ein nasser April* (denn der feuchte Boden ist wichtig für das Wachstum der Feldfrüchte).

- *Ist der Juni warm und naß, füllt es des Bauern Faß* (denn das sind ideale Wachstumsbedingungen).
- *Wenn die Sonne im Juli strahlt, der Roggen golden mahlt* (denn bei sonnigem Wetter im Sommer reift das Korn und ist später besser lagerfähig).

Die Eisheiligen und andere Wetterpropheten

Eiskalte Heilige, zitternde Schafe und ein kleines Säugetier, das sieben Monate schläft, gelten alle als Wetterpropheten. Sie alle sind an ein Datum gebunden. Und Opa kannte sie alle persönlich!

- *Die Eisheiligen* heißen Mamertus (11. Mai), Pankratius (12. Mai), Servatius (13. Mai) und Bonifatius (14. Mai) und werden auch die »strengen Herren« genannt. Sie waren Bischöfe und Märtyrer, die im 4. und 5. Jahrhundert lebten. Bauern hatten beobachtet, daß es an den Gedenktagen im Mai noch richtig kalt werden kann. Es kann sogar Frosttage geben. Die Kälteeinbrüche im Mai führten zu Frostschäden an der aufgegangenen Saat. Deshalb hatte Opa stets ein wachsames Auge auf die »Eisheiligen«, wenn er im Garten etwas säen oder pflanzen wollte.
- *Die Kalte Sophie* (15. Mai) zählt noch zu den Eisheiligen, wird jedoch extra erwähnt. Es heißt, erst wenn die »Kalte Sophie« vorüber ist, stabilisiert sich das Frühlingswetter. Die Märtyrerin, die im 3. Jahrhundert getötet wurde, gilt als Patronin gegen Spätfrost. Ein alte Bauernregel heißt: »Vor Bonifatius kein Sommer, nach Sophie kein Frost.« Erst nach der »Kalten Sophie« stellen umsichtige Gärtner bis heute Topfpflanzen auf den Balkon und Kübelpflanzen in den Garten.
- Die *Schafskälte* Mitte Juni läßt frisch geschorene Lämmer vor Kälte zittern. Eine kühle, feuchte Nordwestströmung bringt wechselhaftes Wetter mit Regen. Der Temperaturabfall ereignet sich um den 11. bis 15. Juni.
- Der *Siebenschläfer* am 27. Juni ist gefürchtet. Es heißt: So wie das Wetter an diesem Tag ist, so bleibt es sieben Wochen

lang. Alle kennen die alte Bauernregel. Auch die moderne Wettervorhersage kann die Volksweisheit nicht ganz von der Hand weisen. Denn Ende Juni/Anfang Juli steht fest, ob die atlantischen Tiefausläufer im nördlichen Atlantik oder weiter unten im Süden verlaufen. Die Dauerwetterlage hängt mit der Hauptzugbahn zusammen. Liegt sie im Süden, ziehen Tiefausläufer mit Regen über Mitteleuropa, liegt sie im Norden, herrscht Hochdruckeinfluß vor. Wer die Wochen exakt zählt, wird enttäuscht: Die Zahl sieben ist lediglich Symbol für eine lange, lange Zeit. Übrigens: Der Siebenschläfer ist ein niedlicher kleiner Nager mit buschigem Schwanz und witzigen Kuscheltieröhrchen. Er lebt in Laubwäldern, Parks, Gärten und Obstgärten und bewohnt Baumhöhlen sowie Nistkästen, aber auch Unterschlupfe im Dach von Gartenhäuschen. Die Mischung zwischen Maus und Eichhörnchen hat sich ihren Namen im Schlaf verdient: Siebenschläfer halten nämlich sieben Monate Winterschlaf! So heißt es zumindest.

Mit Opas Wetterregeln durch das Jahr

Januar

Ist der Januar frostig und kalt,
lockt uns bald der grüne Wald.

Eis und Schnee im Januar
künden an ein gutes Jahr.

Wie das Wetter um Vincent
war, wird es sein das ganze
Jahr.

Lacht der Januar im Kommen
und Scheiden, bringt das Jahr
noch viele Freuden.

Reichlich Schnee im Januar,
macht Dung fürs ganze Jahr.

Januar hell und weiß,
Sommer sicher heiß.

Januar Schnee zuhauf,
Bauer halt die Säcke auf.

Fällt im Januar Schnee
und Frost, gibt der März gar
wenig Trost.

Wenn der Frost bis Januar
nicht kommen will,
so kommt er im März und im
April.

Je kälter und heller der Januar, um so voller Scheuer und Faß dies Jahr.

Im Januar viel Regen, wenig Schnee tut Acker, Wies und Bauer weh.

Ist der Januar naß und warm, wird der Bauersmann gern arm.

Im Januar viel Muckentanz, verdirbt die Futterernte ganz.

Kommt der Hase in die Gärten, der Winter sich wird noch härten.

Lieber einen Wolf im Januar sehen als die Leut in Hemdsärmeln stehen.

Wirft der Maulwurf im Januar, dauert der Winter bis in den Mai sogar.

Regen an Dreikönig, doppelte Keime, aber nur halbe Frucht in die Scheune.

Neujahrsnacht still, ein gutes Jahr es werden will.

Januar muß vor Kälte knacken, wenn die Ernte soll gut sacken.

Im Januar viel Regen, wenig Schnee tut Äckern und Bäumen weh.

Sind im Januar die Flüsse klein, gibt's im Herbst einen guten Wein.

Ist im Januar dick das Eis, gibt es im Mai ein üppig Reis.

Januar muß krachen, soll der Frühling lachen.

Februar

Was der Februar nicht will, nimmt der April.

Im Februar müssen die Stürme fackeln, daß dem Ochsen die Hörner wackeln.

Gibt's im Februar Eichhörnchen und Finken, siehst du schon den Frühling winken.

Wenn's im Februar regnerisch ist, hilft's soviel wie guter Mist.

Februar Schnee und Regen, göttlicher Segen.

Februar kalt und klar, gutes Roggenjahr.

Singt die Lerche im Februar
hell, geht's dem Bauern an das
Fell.

Im Februar viel Regen,
dem Sommer ein Segen.

Wenn es der Februar gnädig
macht, bringt der Lenz den
Frost bei Nacht.

Wenn's im Februar nicht
schneit, kommt die Kälte zur
Osterzeit.

Wenn im Februar die Mücken
schwärmen, muß man im
März die Öfen wärmen.

Liegt im Februar die Katze im
Freien, kann sie im März vor
Kälte schreien.

Ist der Februar sehr warm,
friert man zu Ostern bis in
den Darm.

Viel Regen im Februar,
regnet's das ganze Jahr.

Februar mit Vogelsang, macht
den Bauern angst und bang.

Wenn im Februar spielen die
Mücken, gibt's im Schafstall
große Lücken.

Wenn Lichtmeß hell und klar,
gibt's zwei Winter in diesem
Jahr.

Lieber der Wolf in den
Stall hinein als zu Lichtmeß
Sonnenschein.

März

Amsel zeitig,
Bauer freudig.

Läßt der März sich trocken
an, bringt er Brot für jedermann.

März nicht zu trocken und zu
naß, füllt dem Bauern Scheuer
und Faß.

Feuchter, fauler März
des Bauern großer Schmerz.

Wenn im März viel Winde
wehen, wird der Maien warm
und schön.

Donnert es in den März
hinein, wird der Roggen gut
gedeihn.

März ohne Schnee
tut den Saaten weh.

Was der März nicht will,
holt sich der April.

Mit dem Märzen
ist nicht gut scherzen.

Wer will dicke Bohnen essen,
darf den Märzen nicht vergessen.

Märzen grün
ist bald wieder hin.

Wenn im März viele Nebel
fallen, im Sommer viel
Gewitter schallen.

Trockener März, nasser April,
kühler Mai füllen Keller und
Böden und machen Heu.

Zu früh im Märzen Saat ist
nicht gut, zu späte auch ein
Übel tut.

Trockener März und feuchter
April, das ist nach des Bauern
Will.

Sind März und April zu
trocken und licht,
so gerät das Futter nicht.

Säst du im März zu früh,
ist's oft vergebene Müh.

Braust du im März gutes Bier,
mein Bauer, es ist gesund und
wird nicht sauer.

Läßt der März sich trocken an,
bringt er Brot für jedermann.

Trockener März
erfreut des Bauern Herz.

April

Der April macht, was er will.

April und Weiber Will
ändern sich schnell und viel.

Am Palmsonntag Sonnen-
schein soll ein gutes Zeichen
sein.

Heller Mondschein im April
gibt an Obst und Wein nicht
viel.

Karfreitags Regen
soll trockenen Sommer geben.

Der April treibt sein Spiel,
der Mai hat auch noch Launen viel.

April und Mai
rühren fürs Jahr den Brei.

Ist der April kalt und naß,
dann wächst das Gras.

Bald trüb und rauh, bald licht
und mild, dann ist der April
des Menschen Ebenbild.

Wer im April erst den Weinstock bindet, weniger Wein im
Herbste findet.

Im April
wächst das Gras ganz still.

April mehr Regen als
Sonnenschein, wird der Juni
trocken sein.

Ist der April schön und rein,
wird der Mai wilder sein.

Bläst der April mit beiden
Backen, gibt's viel zu jäten
und zu hacken.

Säen am 1. April
verdirbt den Bauern mit
Stumpf und Stiel.

Wenn im April die Maikäfer
fliegen,
so bleiben die meisten im
Schmutze liegen.

Wohl hundertmal schlägt's
Wetter um, das ist des Aprils
Privilegium.

Dürren April
der Bauer nicht haben will.

Des Aprilens Lachen
verdirbt des Landmanns
Sachen.

Bauen im April schon die
Schwalben,
gibt's viel Futter, Korn und
Kalben.

Grasmücken, die fleißig
singen,
wollen uns den Frühling
bringen.

Auf Aprilflöckchen
folgen Maiglöckchen.

Regen im April
jeder Bauer will.

Regen auf Walpurgisnacht
hat immer ein gutes Jahr
gebracht.

Mai

Maientau macht grüne Au,
Maienfröste sind unnütze
Gäste.

Die erste Liebe und der Mai,
gehen selten ohne Frost
vorbei.

Mairegen bringt Segen, da
wächst jedes Kind,
da wachsen die Blätter, die
Blumen geschwind.

Mairegen auf die Saaten,
dann regnet es Dukaten.

Wer auf schlechte Weide
bringt die Kuh,
verliert die Milch und den
Mist dazu.

Nordwind im Mai
bringt Trockenheit herbei.

Macht sich der Maikäfer rar,
dann wird's kein gutes Jahr.

Grün schmücken sich Flur
und Au, fällt vom Himmel
Maientau.

Kühler Mai,
Stroh und Heu.

Riecht im Maien zart das
Gras, gibt es Milch ohne
Unterlaß.

Genug Regen im Mai
gibt dem ganzen Jahr Brot
und Heu.

Donnert es im Mai recht viel,
hat der Bauer gewonnen das
Spiel.

Ist's im Mai recht kalt und
naß, haben die Maikäfer
wenig Spaß.

Donner im Mai
bringt großen Wind herbei.

Der Mai bringt Blumen dem
Gesichte,
dem Magen aber keine
Früchte.

Im Mai geschoren,
ist neu geboren.

So wie der Mai
werden Obst und Heu.

Wer Hafer sät im Mai,
der hat viel Spreu.

Blühen die Eichen im Mai,
kommt ein gutes Jahr herbei.

Mai mag kommen spät oder
früh, kommt die Kuh hinaus,
so zittert sie.

Erst Mitte Mai
ist der Winter vorbei.

Regnet's in die Hopfen-
stecken, wird das nächste Bier
nicht schmecken.

An Himmelfahrt Regen,
dem Heu ungelegen.

Steht im Mai der Wind aus
Süden, ist bald Regen
beschieden.

Aus nassem Mai
kommt trockener Juni herbei.

Den 1. Mai führt man den
Ochsen ins Heu.

Juni

Wie soll der Juni sein?
Warm mit Regen und Sonnenschein.

Kalter Juniregen
bringt Wein und Honig keinen Segen.

Juni kalt und naß
läßt leere Scheuer und Faß.

Vor Johannitag
keine Gerste man loben mag.

Soll gedeihen Korn und Wein,
muß der Juni trocken sein.

Wenn die Johannisbeeren reifen,
kannst du bald nach Kirschen greifen.

Ist der Juni kühl und trocken,
gibt's was in die Milch zu brocken.

Juni naß,
viel Boden Gras.

Viermal Juni Regen,
zwölffacher Segen.

Ist der Juni warm und naß,
gibt's viel Korn und noch mehr Gras.

Juni feucht und warm
macht den Bauern nicht arm.

Stellt der Juni mild sich ein,
wird mild auch der Dezember sein.

Wenn's im Juni viel regnet,
ist der Graswuchs gesegnet.

Wenn im Juni Nordwind geht,
kommt Gewitter oft recht spät.

Menschen-Sinn und Juni-Wind ändern sich oft sehr geschwind.

Bläst Juni ins Donnerhorn,
bläst er ins Land das gute Korn.

Wenn im Juni Nordwind weht, das Korn zur Ernte trefflich steht.

Im Juni viel Donner,
trüber Sommer.

Ist es von Petrus bis Laurentius heiß, dann bleibt's im Winter lange weiß.

Wie's die sieben Brüder treiben, so soll's Wetter vier Wochen bleiben.

Regnet's am St.-Peters-Tag,
drohen dreißig Regentag.

Juli

Juli schön und klar,
gutes Bauernjahr.

Im Juli Sonnenbrand
gut für Leut' und Land.

Wenn im Juli die Ameisen
ungewöhnlich tragen,
wollen sie einen frühen harten
Winter aufsagen.

Hängt die Birne fest am Stiel,
bringt der Winter Kälte viel.

Was der Juli verbricht,
rettet der September nicht.

Wenn Spinnen fleißig weben
im Freien, läßt sich schön
Wetter prophezeien.

Wenn die Schwalben im Juli
ziehen, sie vor baldiger Kälte
fliehen.

Juli viel Glut
macht alles gut.

Wird der Juli trocken sein,
kann man hoffen auf guten
Wein.

Im Juli will der Bauer
schwitzen
und nicht hinter dem Ofen
sitzen.

Wenn's im Juli bei Sonnenschein regnet,
man viel giftigem Mehltau
begegnet.

Juli kühl und naß,
leere Scheunen, leeres Faß.

Was Juli und August nicht
taten, läßt der September
ungebraten.

Schnappt im Juli das Weide-
vieh nach Luft,
so riecht es schon Gewitter-
duft.

Bringt der Juli heiße Glut,
gerät der September gut.

Bei Donner man im Julius
viel Regen noch erwarten
muß.

Im Juli schwitzen,
im Dezember sitzen.

Juli heiß und schwül
braucht der Hände viel.

Wie die Hundstage beginnen,
so ziehen sie wieder von
hinnen.

August

Fängt der August mit Hitze
an, bleibt sehr lang die Schlit-
tenbahn.

Wie der August geht,
der September meist steht.

Ein Regen im August
ist für den Wald Erquickungs-
lust.

Der August muß Hitze haben,
sonst wird des Baums Segen
begraben.

August ohne Feuer
macht das Brot teuer.

August Ende,
Herbst Wende.

Macht der August uns heiß,
bringt der Winter uns viel Eis.

Was der August nicht
vermocht, kein September
mehr kocht.

Im August am Morgen Regen
wird vor Mittag sich nicht
legen.

Wenn der Kuckuck im
August noch schreit,
gibt's im Winter teure Zeit.

Im August viel Regenschauer
sind Verdruß für jeden Bauer.

Im August beim ersten Regen
pflegt die Hitze sich zu legen.

Fängt der August mit
Donnern an, er's bis zum End
nicht lassen kann.

Gibt's im August keine
Garben, wird man im Winter
darben.

Ist's im August recht hell
und heiß, lacht der Bauer im
vollen Schweiß.

Der August vergeht,
indem der Bauer mäht.

September

Sieht man die Vögel zeitig
zieh'n, sie vor baldiger Kälte
flieh'n.

Wenn im September viele
Spinnen kriechen,
sie einen harten Winter
riechen.

Scharren die Mäuse tief sich
ein, wird ein harter Winter
sein.

Ist der September reich an
Regen, gereicht das Naß der
Saat zum Segen.

Warme Nächte bringen
Herrenwein, bei kalten wird
er sauer sein.

Viel Nebel im September
über Tal und Höh' bringen
im Winter tiefen Schnee.

Sitzen die Birnen fest am Stiel,
bringt der Winter Kälte viel.

Ziehen die wilden Gänse weg,
fällt der Altweibersommer in
den Dreck.

Frische Septemberluft
den Jäger zum Jagen ruft.

Donnert's im September noch,
liegt der Schnee zu Weihnach-
ten hoch.

September Regen
nie ungelegen.

Septemberwetter warm
und klar verheißt ein gutes
nächstes Jahr.

Wenn der September noch
donnern kann, setzen die
Bäum' viel Blüten an.

September Regen
kommt der Saat gelegen.

Durch des Septembers
heitren Blick
schaut noch einmal der Mai
zurück.

Fällt im Wald das Laub recht
schnell,
ist der Winter bald zur Stell'.

Oktober

Siehst du fremde Wander-
vögel, wird es kalt nach alter
Regel.

Oktober im Sonnenschein
schüttet Zucker in den Wein.

Oktober Schnee
tut Pflanzen und Tieren weh.

Wie im Oktober die Regen
hausen, so im Dezember die
Stürme brausen.

Oktoberhimmel voller Stern
hat warme Öfen gern.

Durch Oktobermücken
laß dich nicht berücken.

Sitzt im Oktober das Laub
noch am Baum, fehlt ein
strenger Winter kaum.

Ist der Oktober warm bestallt,
so wird der Februar recht
kalt.

Oktober und März
gleichen sich allerwärts.

Bleibt im Oktober das Laub
am Ast, viel Ungeziefer du zu
fürchten hast.

Sitzt im Oktober das Laub
fest an den Ästen,
kommt der Winter mit
starken Frösten.

Wenn's im Oktober friert und
schneit, bringt der Januar
milde Zeit.

Des Oktobers Ende
reicht allen Heiligen die
Hände.

Wenn die Bienen zeitig
verkitten, kommt ein harter
Winter geritten.

Macht der Maulwurf große
Haufen, wird der Winter kalt
verlaufen.

Kommt die Feldmaus in das
Dorf, sorge bloß für Holz und
Torf.

November

Wenn der November regnet
und frostet, dies der Saat das
Leben kostet.

Wenn's an Allerheiligen
schneit, lege deinen Pelz
bereit.

Allerheiligen klar und helle,
sitzt der Winter auf der
Schwelle.

Novemberwind
scheut Schaf und Rind.

Baumblüte spät im Jahr
noch nie ein gutes Zeichen
war.

Tummelt sich im November
die Maus, bleibt der Winter
noch lange aus.

Wenn der Rabe schreit,
ist der Regen nicht weit.

November Morgenrot,
langer Regen droht.

November Wasser auf den
Wiesen, wird im Lenz das
Gras gepriesen.

Der rechte Bauer weiß es
wohl, daß man im November
wässern soll.

Friert im November zeitig das
Wasser, dann ist der Januar
um so nasser.

November recht naß
bringt jedem was.

November hell und klar,
schlecht das ganze Jahr.

Wenn im November Donner
rollt, wird dem Getreide Lob
gezollt.

Wenn's im November blitzt
und kracht,
im nächsten Jahr der Bauer
lacht.

Sitzt im November fest das
Laub, wird der Winter hart,
das glaub.

Ist im November die Buche
fest, große Kälte erwarten
läßt.

Wer später will etwas haben,
muß im November gründlich
graben.

Blüh'n im November die
Bäume neu, währt der Winter
bis zum Mai.

Um Martini haben wir ge-
nug – eine Gans in der
Schüssel und Wein im Krug.

Wenn um Martini Regen fällt,
ist's mit dem Weizen schlecht
bestellt.

Martini hell,
kommt der Winter schnell.

Je mehr Schnee im November
fällt, um so fruchtbringender
wird das Feld.

Dezember

Fließt im Dezember noch
Birkensaft, bekommt der
Winter keine Kraft.

Dezember kalt mit Schnee,
gibt Korn in jeder Höh'.

Dezember warm,
Gott erbarm!

Es folgt allzeit und immerdar
auf kalten Dezember ein
fruchtbar Jahr.

Bei Winternebel bringt
Ostwind Tau,
der Westwind trägt ihn aus
der Au.

Glatter Pelz beim Wilde,
dann wird der Winter milde.

Wenn der Christmond bricht,
ist der Winter ein Wicht.

Wird's am ersten Advent
erst kalt,
hält das Eis zehn Wochen
bald.

Wie's wird im Advent,
die Erntesonne brennt.

Gefriert im Dezember der
Weinstock ein,
kann er härter als ein Fichten-
baum sein.

Donner im Weihnachts-
quartal
bringt Kälte ohne Zahl.

Wind in St.-Silvester-Nacht
hat nie Wein und Korn ge-
bracht.

Ist es grün zur Weihnachts-
feier, fällt der Schnee auf
Ostereier.

Sonne, Donner, Blitz und Schall

Opa rezitiert gern eine alte Volksweisheit, die den Lauf der Sonne beschreibt: Im Osten geht die Sonne auf, im Süden nimmt sie
ihren Lauf, im Westen muß sie untergehn, im Norden ist sie nie
zu sehn.

Die Sonne

Die Sonne ist der zentrale Stern in unserer Heimatgalaxie: der
Milchstraße. Der glühende, gasförmige Ball dreht sich um die
eigene Achse, ist an der Oberfläche rund 5600 Grad heiß und
spendet nicht nur Licht und Wärme; die Sonne versorgt die Erde
mit all der Energie, die Leben überhaupt erst möglich macht.
Deshalb wurde die Sonne schon von den alten Ägyptern, den In-
kas und anderen Völkern verehrt. Sonnenstrahlen lassen unsere
Pflanzen wachsen. Die Umwandlung der Sonnenenergie in den
Pflanzen heißt Photosynthese. Dabei wird Lichtenergie in chemische Energie umgewandelt. Es entstehen Kohlehydrate – die
Grundbausteine unserer Ernährung. Erst der Prozeß der Photosynthese macht es möglich, daß Menschen und Tiere genug zu
essen haben. Und Luft, um zu atmen. Die Sonne sichert also das
Leben auf der Erde.

Unserem Zentralgestirn haben wir aber nicht nur »schönes
Wetter« zu verdanken. Auch wenn wir die Sonne nicht sehen,
steht sie am Himmel und kurbelt die Wettermaschine an: So wie
seit weit über vier Milliarden Jahren! Die Sonne ist also bei all
den Hochs und Tiefs für jedes Wetter auf der Erde mitverant-
wortlich.

Der strahlend gelbe Stern ist gut 109mal so groß wie die Erde und so weit von uns entfernt, daß die Strahlen immerhin ganze acht Minuten brauchen, bevor sie die Erde erreichen – nämlich zwischen 147 und 152 Millionen Kilometer. Dabei ist das Licht mit sagenhaften 300000 Kilometern pro Sekunde unterwegs! Sonnenstrahlen bestehen aus den Farben Rot, Orange, Gelb, Grün, Blau und Violett. Jede Farbe hat unterschiedliche Wellenlängen: Rot hat die größte Wellenlänge, Violett die kleinste. Die Wellen werden durch die Moleküle in der Luft, durch Staubteilchen und Wasserdampf abgelenkt. Ist der Himmel blau, erreichen uns nur die kurzwelligen Strahlen. Bei Sonnenauf- oder -untergang treffen die Strahlen schräg auf die Lufthülle auf. Die kurzen Wellen werden zurückgeworfen, nur das langwellige Licht erreicht unsere Augen. Deshalb strahlt der Himmel rot. Es gibt ein Morgen- und ein Abendrot. Doch so mancher rote Himmel in den Ballungsgebieten und Industriezentren ist auch ein Zeichen für Luftverschmutzung mit Feinstaub und anderen Schwebeteilchen aus Haushalt, Industrie und Autoabgasen. Sie verstärken beim schrägen Eintritt der Sonnenstrahlen in die Atmosphäre den Roteffekt.

In einer Sekunde spendet die Sonne übrigens so viel Energie, daß ganz Amerika damit über 90000 Jahre auskommen könnte. Das schafft der Stern, indem er die Energie im Innern aus Wasserstoffkernen und Helium erzeugt. Atome verschmelzen: das nennt man Kernfusion. Die Sonne funktioniert quasi wie eine Wasserstoffbombe. Sie besteht zu über 78 Prozent aus Wasserstoff, zu 20 Prozent aus Helium; die restlichen zwei Prozent sind andere Elemente.

Die Luft

Wetterveränderungen entstehen, wenn der hohe Luftdruck mit dem tiefen Luftdruck aneinandergeraten. Hoch gegen Tief, Warm- gegen Kaltfront: So sehen wir es jeden Abend auf der Wetterkarte im Fernsehen.

Generell gilt: Luft wird in großen Höhen dünner. Je höher Luft aufsteigt, desto mehr kühlt sie ab. Beim Aufstieg verwandeln sich die Wassermoleküle in der Luft: Waren sie vorher noch in einem gasförmigen Zustand, verflüssigen sie sich jetzt und

werden zu Regen oder Schnee. Die uns umgebende Lufthülle
gliedert sich übrigens in mehrere Stockwerke: In 8 bis 17 km
Höhe befindet sich die Troposphäre. Es folgen Stratosphäre und
Ionosphäre.

Der Wind

Warme Luft steigt nach oben und dehnt sich aus. Die Moleküle
le in der Luft bewegen sich schneller. Treffen warme und kalte
Luft aufeinander, entsteht Wind. Die Temperaturunterschiede
bringen kräftig Bewegung ins Wetter. Tagsüber erwärmt sich das
Land stärker als Wasserflächen wie Seen oder das Meer (weil
diese ausgleichend wirken). Es entsteht ein Wind, der vom Meer
her aufs Land weht. Denn die warme Luft vom Land steigt auf,
die kühle Luft vom Wasser strömt nach. Nachts ist es genau
umgekehrt: das Land kühlt schneller ab als große Wasserflächen.
Es entsteht ein Wind, der jetzt vom Land aufs Meer weht. Das
nennt man ablandigen Wind. Weht der Wind vom Meer aufs
Land, spricht man von auflandigem Wind.

Bei Föhn ist das Wetter schön: aber die Menschen in den
Alpen leiden. Es ist ein warmer Südwind, der auf der Luvsei-
te (also der dem Wind zugewandten Seite) der Alpen kräftige
Stauwolken bildet. Auf der windabgewandten Leeseite entstehen Wolkenwellen, in denen linsenförmige »Föhn-Fischchen«
schwimmen. Das sind Altocumulus-Wolken, die für Wärme und
Trockenheit stehen.

Ein *Tornado* entsteht, wenn feuchtheiße und kalte Luft aufein-
anderprallen und sich immer schneller drehen und rotieren. Wie
ein Staubsauger schlägt plötzlich der Rüssel eines Tornados auf
dem Erdboden auf und saugt alles an, was sich ihm in den Weg
stellt. Zurück bleibt eine Schneise der Verwüstung. Ein Tornado
dreht sich mit der unvorstellbaren Geschwindigkeit von bis zu
600 Stundenkilometern. Im Innern toben Gewitter und zucken
Blitze, weil dort extrem niedriger Druck herrscht. Man hat bei
Tornados in den USA schon bis zu 1000 Stundenkilometer gemessen. So schnell brauste der Sturm übers Land.

Ein *Hurrikan* hat ebenfalls ungeheure Zerstörungskraft. Der
Wirbelsturm entsteht über warmen, tropischen Meeren. Dort

frißt sich der Hurrikan mit Meerwasser voll. Das Wasser steigt als Dampf auf und bildet die unheimliche Wolke, welche durch die Erdrotation in Drehung versetzt wird. Die Wolke wächst und wächst, zieht über dem Ozean immer mehr Wasser, bis sie schließlich zwei Milliarden Tonnen und mehr mit sich schleppt. Die Wassermassen entladen sich dann über dem Land, wo der Hurrikan irgendwann an Kraft verliert.

In Asien heißen tropische Wirbelstürme *Taifune,* in Indien spricht man vom *Zyklon.* Ein *Blizzard* tobt im Norden und Nordosten der USA, wenn Kaltlufteinbrüche an der Rückseite eines Tiefs eisige Winde, starke Schneefälle und Eisregen mitbringen.

Windstärken

Der britische Admiral Sir Francis Beaufort (1774–1857) hat die unterschiedlichen Windstärken in eine Skala eingeteilt. Seither wird der Wind in Beaufort (Bft) eingeteilt, die Windgeschwindigkeit in Stundenkilometern (km/h) gemessen.

- Bei 0 Beaufort herrscht absolute Windstille, Rauch würde gerade nach oben aufsteigen.
- 1 Beaufort ist ein sehr leichter, kaum spürbarer Windzug.
- 2 Beaufort sind leichter Wind, bei dem die Blätter sich sanft in den Zweigen wiegen.
- 3 Beaufort ist schwacher Wind, der auch die Zweige der Bäume leicht bewegt, die Windgeschwindigkeit liegt jetzt zwischen zwölf und 19 km/h.
- 4 Beaufort werden noch als mäßiger Wind bezeichnet. Die Geschwindigkeit erreicht bis zu 28 km/h, und der Wind wirbelt Staub auf. Dünne Äste geraten in Bewegung.
- 5 Beaufort sind als frischer Wind in der Skala vermerkt. Auf Binnengewässern bilden sich leichte Schaumkronen. Die Windgeschwindigkeit beträgt jetzt bis zu 38 km/h.

- 6 Beaufort gelten bei Geschwindigkeiten bis zu 49 km/h als starker Wind. Große Äste mit schwerem Laub geraten in Bewegung. Man hört ein Pfeifen, wenn der Wind um die Ecke braust.
- 7 Beaufort gelten als steifer Wind. Bei bis zu 61 km/ h geraten jetzt selbst Bäume ins Wanken. Wer im Freien unterwegs ist, spürt beim Gehen deutlichen Gegenwind.
- 8 Beaufort bezeichnet man als stürmischen Wind. Jetzt brechen Zweige ab, Laub wird aus den Bäumen gerissen. Bei bis zu 74 km/h hat man Schwierigkeiten, gegen den Wind anzugehen.
- 9 Beaufort stehen für Sturm. Die Windgeschwindigkeit erreicht jetzt bis zu 88 km/h. Die ersten Dachziegel fallen auf die Straße, dicke Äste brechen ab.
- 10 Beaufort stehen mit einer Windgeschwindigkeit bis zu 102 km/h für schweren Sturm. Jetzt werden Bäume entwurzelt, Dächer abgedeckt. Es ist gefährlich, das Haus zu verlassen. Selbst Erwachsene kommen nur schwer gegen den Sturm an.
- 11 Beaufort werden im Binnenland nur sehr selten gemessen. Auf dem Meer bilden sich bei dem orkanartigen Sturm mit Spitzengeschwindigkeiten bis zu 117 km/h hohe Wellenkämme. Überall liegt Gischt in der Luft.
- 12 Beaufort bezeichnet man als Orkan. Jetzt liegt die Windgeschwindigkeit bei bis zu 133 km/h. Für stärkere Winde auf See schließt sich die Saffir-Simpson-Hurrikan-Skala an der Beaufort-Skala an. Es wurden bei einem Hurrikan schon Windgeschwindigkeiten von 450 km/h gemessen.

Das Gewitter

Gewitter entstehen in hoch aufquellenden Haufenwolken, die bis in zehn Kilometer Höhe reichen. Sie sind unten flach und quellen immer weiter auf. Blitze entstehen durch Reibung. Bei einem Gewitter reiben sich in der Wolke durch die Auf- und Abwinde alle möglichen Moleküle, Wassertröpfchen und Eiskristalle, Staub und Graupelteilchen aneinander. Es entstehen Spannungsdifferenzen. Die Moleküle zerreißen, brechen und laden sich dabei elektrisch auf. Es kommt zu Entladungen. In Cumulonimbus-Wolken laden sich die Tröpfchen elektrisch auf. Übersteigen die Spannungsdifferenzen drei Millionen Volt (durch unsere Steckdose fließen 220 Volt!) pro Meter, löst das die Entladung aus. Eine Entladung reicht, und es kommt zu einer Art Initialzündung: Diese Kettenreaktion löst den Blitz aus. Ein Blitz ist quasi ein gigantischer Kurzschluss. Während Sie diesen Text lesen, toben über 1800 Gewitter auf der Erde, und über 44 000 Blitze zucken durch die Atmosphäre.

Blitze sind bis zu 30 000 Grad heiß, bewegen sich mit 300 Kilometern pro Sekunde und dauern weniger als eine Tausendstelsekunde. Dabei wird eine Stromstärke bis zu 400 000 Ampere frei. Eine ganz normale Haussicherung fliegt schon bei 16 Ampere heraus. Die meisten Blitze bleiben in den Wolken, nur jeder zehnte erreicht die Erde.

Blitze dehnen die Luft so schnell aus, das die Schallmauer durchstoßen wird: Es donnert. Da sich Licht schneller bewegt als der Schall, sehen wir den Blitz, bevor es donnert. Der Schall des Donners braucht drei Sekunden für einen Kilometer. Hört man den Donner nach sechs Sekunden, ist das Gewitter also zwei Kilometer weit entfernt. So kann man ganz leicht berechnen, wie weit das Zentrum des Gewitters entfernt ist.

Was Wolken und Eisheilige verraten

Opa und sein Enkel Christian sitzen gerne mal zusammen auf der Bank im Garten und gucken in den Himmel. »Opa, gibt es auf dem Mond auch schlechtes Wetter?« fragt Christian.

»Der Mond hat überhaupt kein Wetter«, antwortet der Opa. »Keinen Regen, keinen Sturm, keine heißen Sommertage – einfach kein Wetter!« Der Enkel ist fasziniert. Opa weiß auch, warum der Mann im Mond keine Wettervorhersage braucht. »Der Mond hat – ganz anders als die Erde – keine Lufthülle. Die nennt man übrigens Atmosphäre. Ohne Atmosphäre gibt es keine Wolken, keine Hochs und Tiefs und auch keinen Schnee!«

Opa weiß viel übers Wetter. Er ist auf dem Land aufgewachsen und hat schon mit seinem eigenen Opa das Wetter beobachtet. Er kennt alte Bauernregeln und viele Wettergeschichten, hat Tiere und Pflanzen bei Wind und Wetter beobachtet und schlägt mit seinen Vorhersagen fast schon die Wetterfrauen und -männer im Fernsehen. Für Christian ist es immer interessant, mit Opa in den Himmel zu schauen. »Sieh die Wolken, Christian – schon bald gibt es ein Gewitter!« Und kurz darauf ist der erste Donner zu hören.

Opa weiß auch, daß die kälteste Temperatur auf der Erde mit minus 89 Grad in der Antarktis gemessen wurde und die heißeste mit plus 58 Grad in der Sahara. Er erzählt von der Reise der Wassertropfen in den Wolken und den tobenden Blitzen in verheerenden Tornados. Und wenn im Frühjahr die Tulpen im Garten plötzlich am Tag ihre Blütenblätter schließen, holt Opa den Schirm hervor und prophezeit Regen. Kurz darauf fallen die ersten Tropfen vom Himmel – die Blumen und Opa haben es vorher gewußt.

Doch am schönsten ist es, wenn es regnet und die Sonne scheint: »Schau, Christian, bald gibt es einen Regenbogen!« Wenn der Enkel dann in der falschen Richtung den Himmel absucht, lacht Opa sich kringelig. »Wir müssen die Sonne im Rücken haben, Junge! Sonst können wir keinen Regenbogen sehen, denn die Strahlen der Sonne werden in den Regentropfen wie in einem Prisma gebrochen.« Das Licht der Sonne wird aufgefächert, und die Farben Rot, Orange, Gelb, Grün, Blau, Indigo und Violett stehen im Bogen am Himmel.

»Und am Ende des Regenbogens steht ein Topf voll Gold«, sagt Opa dann immer und lächelt verschmitzt. Seine Wettergeschichten stimmen alle; nur die Geschichte mit dem Gold ist natürlich frei erfunden.

Die Wolken

Wenn die aufsteigende Luft das Wasser mit auf die Reise in den Himmel nimmt, verdunstet es. Dabei verändert das Wasser seine stoffliche Form: aus dem flüssigen Element wird ein gasförmiges.

Wasserdampf heißt bei den Meteorologen übrigens Luftfeuchtigkeit! Diese hängt wiederum von der Temperatur ab. Je wärmer es ist, desto schneller verdunstet das Wasser.

Wolken bestehen aus ganz vielen Wassertröpfchen, welche die Luft in Form von verdunstetem, also gasförmig gewordenem Wasser mit nach oben in den Himmel genommen hat. Es ist Wasser aus den Meeren, Flüssen und Seen sowie vom Boden. Ein Teil davon regnet später wieder auf die Erde nieder. Da drei Viertel der Erde vom Meer bedeckt sind, ist es kein Wunder, daß die Ozeane für unser Wetter extrem wichtige Faktoren sind. Meeresströmungen wie der Golfstrom oder der Sankt-Lorenz-Strom entscheiden, ob wir ein Land bewohnen können oder alles unter einer eisigen Schicht liegt. Meeresströmungen sind für das Klima also ganz entscheidend. Der Golfstrom bringt beispielsweise wie ein Fließband oder eine Pumpe warmes Wasser aus dem Golf von Mexiko mit und befördert es bis weit nach Norwegen. Nur deshalb sind dort hoch im Norden die Seehäfen eisfrei.

Doch zurück zu den Wolken.

Immer Ärger mit den Schafen

In 2000 bis 5000 Meter Höhe heißen die Wolken Altocumuli oder auch Schäfchenwolken. In dieser Höhe mischen sich Eiskristalle mit Regentropfen, welche die Schäfchenwolken bilden. Wenn man die »Herde« am Morgen sieht, sind Schauer gewiß. Es gibt weiße und graue Schafe, beide künden Regen an. Je grauer und dichter die Schäfchen sind, desto schlechter wird das Wetter. Rotten sich die kleinen Schäfchen gar zu einer Wolkenherde zusammen und bilden dabei eine einförmige, verdichtete Schicht, wird das Wetter immer schlechter. Fällt jetzt auch noch der Luftdruck, hält der Regen lange an. Große, sehr langgezogene, ausgewachsene Schafe sind hingegen Mischwolken, die schönes Wetter versprechen.

Wolken, die in etwa zwei Kilometer Höhe dünne Haufenschichten bilden und wie überdimensionale Walzen den Himmel bügeln, bringen gemeinhin schönes Wetter. Diese dünnen Haufenwolken heißen Stratocumulus. Wenn sie gleichförmig grau sind und dicke Schichten bilden, bringen sie Nieselregen. Sammeln sich unter dieser Stratocumulus-Decke obendrein Haufenwolken, die sich wie eine aufgeschlagene Bettdecke auch noch auftürmen, gibt es Regen.

Mächtige Cumuli sind dagegen Schönwetter-Haufenwolken, die im Sommer wie Wattebäuschchen über den Himmel fliegen und dabei gern ihre Form ändern. Wer in den Himmel schaut und seiner Phantasie keine Grenzen setzt, kann jetzt allerlei Gestalten erkennen: den Hund des Nachbarn, die böse Hexe, Gespenster und Drachen, Delphine und Zwerge. Diese Cumuli entstehen, wenn über dem warmen Boden Luftpostpäckchen aufsteigen, die sich in höheren Gefilden abkühlen. Der Wasserdampf kondensiert zu feinsten Tröpfchen. Am Abend lösen sich die Wolkengebilde auf, weil die Luft vom Boden nicht mehr warm genug aufsteigt.

Rotten sich jedoch die Cumulus-Wolken zu gigantischen Blumenkohl-Wolkengebilden zusammen, droht ein kurzer, mitunter heftiger Schauer.

Federn aus Eis bringen Regen

Sie sehen aus wie der zarte weiße Hochzeitsschleier einer Braut im Wind: die Cirrus-Wolken. Manchmal erinnern sie auch an verlorene Vogelfedern oder einen ausgefransten Stoffetzen. Sie bestehen aus Eiskristallen und befinden sich in 6000 bis 10 000 Meter Höhe. Früher hieß es: Wenn der Himmel gezupfter Wolle gleicht, regnet es gleich. Cirrus-Wolken sind Vorboten für schlechtes Wetter innerhalb der nächsten 24 bis 48 Stunden.

Cirrocumulus-Wolken sehen aus wie das Wattenmeer, wenn sich die Nordsee zurückgezogen hat: sie sind geriffelt wie ein Waschbrett und künden ein Gewitter an.

Gewitterwolken sind leicht zu erkennen: Sie stehen wie der Amboß des Schmieds drohend am Himmel. Diese Riesen heißen Cumulonimbus. Oben stoßen solche Wolken an die Troposphäre. Beim Anstoßen bildet sich die Platte des Amboß. Hängen schwarze Cumulonimbus-Wolken am Himmel, gibt es Hagelschauer und Gewitter sowie Sturmböen. Bei Gewitter herrscht wirkliches Chaos: Die Wolken erobern sich alle drei Stockwerk – Stratosphäre, Troposphäre und Ionosphäre – und bilden sowohl flockige Schäfchenwolken wie auch faserige Cirrus-Wolken und eine Schicht aus Cirrostratus-Wolken.

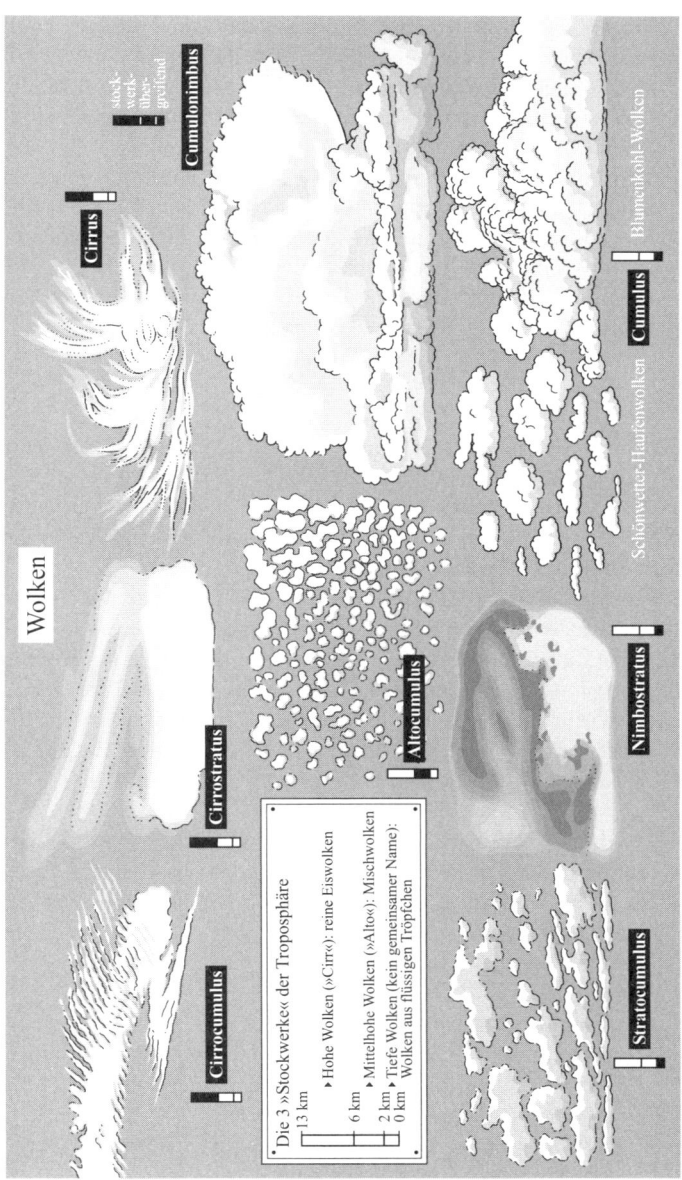

Wolken

Cumulonimbus · stock-werk-über-greifend

Cirrus

Cirrostratus

Cirrocumulus

Altocumulus

Nimbostratus

Cumulus · Blumenkohl-Wolken

Schönwetter-Haufenwolken

Stratocumulus

Die 3 »Stockwerke« der Troposphäre

13 km
▸ Hohe Wolken (»Cirr«): reine Eiswolken

6 km
▸ Mittelhohe Wolken (»Alto«): Mischwolken

2 km
▸ Tiefe Wolken (kein gemeinsamer Name):
0 km   Wolken aus flüssigen Tröpfchen

Liegen die Wolken wie Rauchschwaden am Himmel, kann man von Niederschlagsnebel reden. Aus diesem Hochnebel fallen keine dicken Tropfen: es nieselt, und zwar oft stundenlang. Die Wolken liegen im Stratus. Ziehen sie dicht über den Erdboden, spricht man von Nebel.

Verdunkeln Nimbostratus-Wolken den Himmel, gibt es im Sommer Dauerregen und im Winter Schnee. Scheint die Sonne milchig durch eine leicht durchsichtige Wolke, die immer dichter wird und sich schließlich in eine graue Wand verwandelt, regnet es spätestens am nächsten Tag. Die völlig formlosen Wolken heißen Cirrostratus und kündigen ein Tief an.

Der Regen

Wenn die Luft oben im Himmel abkühlt, kondensiert der Wasserdampf zu Tropfen und bildet Wolken. Winzige Tropfen rotten sich zu immer größeren in den Wolken zusammen. Sie werden so schwer, daß sie aus den Wolken fallen. Dann regnet es: Denn die Luft kann die schweren Tropfen nicht mehr tragen.

Regentropfen sind unterschiedlich groß: Es gibt feinen Sprüh- oder Nieselregen. Bei einem Gewitterschauer hingegen sind die Tropfen fünfundzwanzigmal so groß. Auch Hagel ist am Anfang nichts weiter als Regen. Doch bevor die Tropfen die Erde erreichen, wirbelt sie der Wind immer wieder hoch in eiskalte Luftschichten. Die Tropfen gefrieren und fallen dann irgendwann als Hagelkörner auf die Erde.

- *Landregen* ist ein beliebtes Wort für dauerhafte, lang anhaltende Niederschläge. Es ist auch von Dauerregen die Rede. Im Alpen- und Voralpengebiet spricht man auch von Schnürlregen, weil es wie an einer Schnur regnet (es regnet in einem Band/es regnet Bindfäden).
- *Regen* unterscheidet sich in der Tropfengröße. Sie können einen Durchmesser von 0,5 bis 5 mm haben.
- *Schauer* dauern nur kurze Zeit; dabei kann es sich um einen »heftigen Schauer« mit viel Niederschlag oder einen »leichten Schauer« mit wenigen Tröpfchen handeln.
- *Platzregen* ist ein plötzlich auftretender, sehr starker Wolkenbruch. Man spricht auch von einem Regenguß.

- *Sprühregen* besteht aus winzigen Wassertropfen, die oft nur 0,1 mm groß sind.
- *Eisregen* ist Niederschlag bei unter null Grad. Es kann zu gefährlichem Glatteis kommen, wenn der Eisregen auf dem Asphalt zu überfrierender Nässe führt.
- *Graupel* sind kleine Eiskügelchen, die einen Durchmesser zwischen einem und 5 mm haben.
- Hagel unterscheidet sich von Graupel nur in der Größe. Die Eiskugeln können in Extremfällen größer als Tennisbälle sein. Sie sind auf jeden Fall größer als 5 mm.
- *Schnee* besteht aus einzelnen Eiskristallen, die aneinanderhaften und zwischen zwei und zehn Millimeter im Durchmesser haben.

Der Schnee

Schnee besteht aus sechsstrahligen Eiskristallen, die gern zu mehreren zusammenpappen und dabei Flocken oder Plättchen bilden. Schneeflocken sehen bei Frost aus wie winzig kleine Sterne, die vom Himmel gefallen sind. Alle Schneeflocken haben eine völlig unterschiedliche Form. Keines gleicht dem anderen. Es gibt große Flocken mit einem Durchmesser von mehreren Zentimetern und winzigen Flöckchen, die wie weißer Regen aussehen. Damit es schneit, müssen die Temperaturen in den Wolken unter dem Gefrierpunkt liegen. Lockerer Schnee hat mehr Lufteinschlüsse als fester Schnee. Sinkt das Thermometer unter zehn Grad minus, hat die Luft nur noch sehr wenig Feuchtigkeit. Dann fallen sehr feine Schneekristalle ganz langsam vom Himmel. Man nennt dies auch Polarschnee. Schnee fällt etwa mit einem Meter pro Sekunde sehr viel langsamer aus den Wolken als Regen (5m/sec).

Die Jahreszeiten

Die Erdachse – das ist eine gedachte Linie von Pol zu Pol – ist geneigt. Deshalb wird einmal die nördliche, dann die südliche Erdhälfte von der Sonne beschienen. Dadurch entstehen die Jahreszeiten. Im Laufe eines Jahres wandert die Erde – während sie sich ständig (also einmal am Tag) um sich selbst dreht – um die Sonne. Dabei beschreibt der Erdball eine Ellipse. Die Jahreszeiten sind vom jeweiligen Neigungswinkel der Sonneneinstrahlung abhängig, der sich durch die Neigung der Erdachse verändert. Darum gilt *meistens*: Am 21. März beginnt der Frühling, am 21. Juni der Sommer, am 23. September der Herbst und am 21. Dezember der Winter.

Frühling

Die Tage werden langsam länger, die Sonnenstrahlen gewinnen immer mehr an Kraft. Noch steht die Sonne flach am Himmel, doch der Bogen, den sie über dem Horizont beschreibt, wird von Tag zu Tag länger und höher. Es wird langsam wärmer. Die erste Blume, die quasi das Frühjahr einläutet, ist das Schneeglöckchen. Dann stecken Krokusse ihre Köpfe aus der Erde. Die Haselkätzchen blühen, Ende April die Schlehen, im Mai die Heckenrosen. Der Frühling zeichnet sich durch große Temperaturschwankungen aus: Tag und Nacht, Anfang und Ende des Frühjahrs schwanken die Temperaturen zwischen Minusgraden mit Frost und herrlichen Sonnentagen. Im Frühling sieht man häufig einen hellen Ring um Sonne und Mond. Dieser »Halo«-Ring kündet schlechtes Wetter an. Der April ist für seine Launen bekannt. Aprilwetter steht für dramatischen Wechsel zwischen Sonnenschein und dunklen Schauerwolken. Kräftige Tiefdruckgebiete ziehen vom Nordatlantik herein. Ende März/Anfang April steigen die Bodentemperaturen. Jetzt blühen Forsythien und Löwenzahn und Schlehen, das Gras wächst. Ende April stehen Kirsch-, Birn- und Apfelbäume, Roßkastanien und Flieder in voller Blüte. Jetzt wird die Natur vollständig grün. Wenn der Holunder blüht, wird es langsam Sommer. Im Mai kann das Thermometer auf 25 Grad klettern, und nach den Eisheiligen Mitte des Wonnemonats ist kaum mehr Frost zu erwarten.

Sommer

Jetzt fallen die Sonnenstrahlen fast senkrecht ein, die Tage sind lang, die Nächte kurz. Typisches Sommerwetter bringt in unseren Breiten Westwind mit kühler, feuchter Luft. Der Nordatlantik wird langsam wärmer, doch seine Tiefs bringen Regen. Im Sommer gibt es mehr Regen als in allen anderen Jahreszeiten. Heiße Tage gibt es nur bei stabilem Hochdruck. Wenn trockene Luft aus dem Osten nach dem westlichen Mitteleuropa einweht, wird es heiß. Die Ostlage, welche die Festlandluft zu uns bringt, ist beständig. Im Juni ist alles in vollem Wachstum. Die Sonne steht bis zur Sonnenwende am 21. Juni am höchsten über dem nördlichen Wendekreis, die Nächte sind dann am kürzesten. Im Juli gehen die Pflanzen zur Reife über. Johannis- und Stachelbeeren reifen, das Getreide wird geerntet. Die Sonnenblumen stehen jetzt in voller Blüte. Im Spätsommer gibt es Frühzwetschgen. Das Wetter ist sehr warm; bei beständigem Hochdruck steigen die Temperaturen auf über 30 Grad. Im August (und seit dem Klimawandel oft schon im Juli) beginnt die Erntezeit, die Tage werden wieder kürzer.

Herbst

Anfang September fliegen Zugvögel wie Schwalben, Stare und Störche Richtung Süden und weiter nach Afrika. Im Garten blühen die Astern, jetzt hat die Erntezeit ihren Höhepunkt erreicht: Die Weinlese beginnt, Kartoffeln, Zwetschgen und Äpfel sind reif. Der Herbst bringt sehr abwechslungsreiches Wetter. Trüber Nebel am Morgen verfliegt, die Tage sind oft sommerlich warm, und trotzdem ist es dann am Abend schon empfindlich kalt. Im Oktober findet in den Laubwäldern ein dramatisches Farbspektakel statt. Wenn es jetzt friert, verlieren die Bäume innerhalb von Stunden all ihre Blätter. Nur ein frostfreier Oktober ist ein Goldener Oktober, denn dann verfärbt sich das Laub langsam: Eichen und Buchen halten ihre Blätter besonders lange. In der ersten Septemberhälfte (und neuerdings – seit etwa 2000 – oft schon im August) sind die Birnen und der schwarze Holunder reif, dann werden Rüben geerntet und Wintergetreide ausgesät. Im Oktober fallen die Roßkastanien vom Baum. Im November kommt es zu ersten Nachtfrösten. Die Luft kühlt stark ab.

Jetzt treffen die Sonnenstrahlen ganz flach auf der Erde auf. Die Tage sind kurz, die Sonne steht niedrig. Die Wintersonnenwende ist am 21. oder 22. Dezember. Erst im Februar gewinnt die Sonne wieder an Kraft. Doch der Februar zählt mit dem Januar in unseren Breiten zu den kältesten Monaten des Jahres. Das liegt an der großen Kälte, die zu der Zeit in Nordosteuropa und im Polargebiet herrscht. Die Winter an der Küste sind milder, da Nord- und Ostsee mehr Wärme abgeben als das Land. Schnee gibt es in der Regel über 500, manchmal erst über 1000 Meter Höhe. Im März ist der Winter oft schon vorbei.

Wetterwahrheiten und Wetterlegenden

Opa hat immer gesagt: »Frösche haben von Luftdruck keine Ahnung!« Trotzdem spricht man von Wetterfröschen. Opa wußte, daß der Laubfrosch bei Sonnenschein hoch hinauf in Sträucher und Büsche klettert, bei Regen duckt er sich dagegen am Boden. Das haben die Menschen beobachtet und früher die armen Tierchen in ein Einmachglas gesteckt, um den Frosch als Wetterpropheten zu nutzen. Heute ist das zum Glück für die vielerorts gefährdeten Tiere verboten. Sein Verhalten hat aus dem Laubfrosch ein lebendes Barometer gemacht, was natürlich im Glas nichts nutzte. Doch was den Frosch auf die Bäume trieb, war nicht das Wetter, sondern der Hunger. Denn bei schönem Wetter findet er Käfer, Fliegen und Mücken in oberen Gefilden. Bei Regen futtert er im pflanzlichen Erdgeschoß. Es gibt viele Phänomene rund ums Wetter; die meisten lassen sich leicht erklären.

- Dunkle Kleidung nimmt mehr Sonnenstrahlen auf als helle Kleidung. Deshalb trägt man im Sommer gern weiß. Je heller die Farbe, desto kühler wirkt die Kleidung.
- Haben Hunde im Herbst ein dichtes Fell, wird der Winter kalt.
- Halten Blumen bei Tag ihre Blüten geschlossen, ist das Wetter feucht und kühl.

- Öffnen sich die Zapfen von Nadelbäumen, wird es warm und sonnig (dann können die Samen besser entweichen).
- Fenster beschlagen, weil Wassermoleküle an der Innenseite der Scheiben abkühlen. Die Wassermoleküle verdichten sich und bilden Tropfen: aus dem gasförmigen Zustand wird ein flüssiger. Man spricht dann von Kondensation.
- Im Auto ist man vor Blitzen sicher, weil man von einer Hülle aus leitfähigem Metall umgeben ist: dem Faradayschen Käfig. Die elektrischen Ströme können nicht ins Innere des Wagens gelangen. Der Physiker Michael Faraday (1791–1867) hat das Phänomen erstmals beobachtet. Übrigens: In einem offenen Cabrio ist man nicht sicher!
- Es gibt keine Bäume, die vor einem Blitzschlag schützen. Der Spruch »Bei Gewitter Eiche meide, Buche suche« ist also Quatsch. Hohe Bäume sind besonders gefährlich und bei Gewitter zu meiden. Genauso wie Regenschirme und Mobiltelefone!
- Bei Gewitter niemals schwimmen gehen. Im Wasser kann sich der Strom des Blitzes besonders weit ausbreiten.
- Im Freien schützt man sich bei Gewitter am besten, indem man sich auf den Boden hockt. Nicht hinlegen, Beine dicht am Körper halten und nicht ausstrecken.
- Hat der Mond einen Hof, zieht ein Tief heran. Es wird kalt.
- Fliegen die Schwalben hoch, ist das Wetter schön. Die Vögel jagen winzige Insekten, die in der aufsteigenden warmen Luft in die Höhe getragen werden. Bei schlechtem Wetter halten sich Insekten unten im Schutz von Bäumen und Sträuchern auf. Sie können bei feuchtem Wetter außerdem schlechter fliegen. Und die klugen Schwalben jagen im Tiefflug.
- Ist es im hohen Norden, in Skandinavien, sehr kalt, überwintern »fremde« Vogelarten bei uns. Diese »Wandervögel« – dazu gehören etwa der Bergfink und der Seidenschwanz – gelten zu Recht als Vorboten für große Kälte.
- Fressen Vögel im Herbst besonders viel, soll ein kalter Winter oder eine lange Regenperiode vor der Tür stehen.
- An einer Kuhherde kann man die Windrichtung erkennen: Rinder stehen gern mit dem Schwanz zum Wind hin.
- An exponierten Bäumen – etwa auf Hügeln oder an Straßenalleen – kann man die vorherrschende Windrichtung erkennen: Die Äste geben dem Wind nach und wachsen leicht krumm.

- Das Laub verfärbt sich, weil das Chlorophyll, der grüne Farbstoff, abgebaut wird. Jetzt erst kommen rote und gelbe Farbstoffe, die Carotinoide und Xanthophylle, zur Geltung. Sie waren vorher vom Chlorophyll – dem Blattgrün – überdeckt. Werden Blätter braun, sterben sie ab. Es handelt sich um wasserlösliche Farbstoffe, die in der Zellwand gebunden waren.

✐ Meine Lieblingswetterregeln

Tiere rund um Haus und Hof

Wie unterscheiden sich Kuh und Rind?

Kuh oder Rind?

Kalb = junges Rind im ersten Lebensjahr
Färse, Kalbin, Quene, Starke = weibliches Rind, bevor es das erste Junge gebracht hat
Jungstier = männliches, noch nicht geschlechtsreifes Tier
Bulle, Stier, Farren = geschlechtsreifes männliches Tier
Kuh = weibliches Rind, welches schon gekalbt hat
Ochse = männliches, kastriertes Rind

Die mitteleuropäischen Rinder – welche mit der Seßhaftwerdung der Menschen zur Gewinnung von Milch und Fleisch, aber auch wegen der Nutzung der Zugkraft domestiziert wurden – gehen wohl auf den ausgestorbenen Auerochsen – und vielleicht auf das selten gewordene Wisent, ebenfalls ein Wildrind – zurück. Es gibt rund 450 Rinderrassen, die an die jeweiligen landschaftlichen Verhältnisse angepaßt waren. Man unterscheidet verschiedene Nutzungstypen.
   Dazu gehörten früher

- mittel- und großrahmige Milchrassen,
- Fleischrassen,
- Rassen mit Mehrfachnutzung (Milch und Fleisch, Zugtiere).

Durch eine lange Zeit verfehlte Agrarpolitik der Europäischen Union wurden bevorzugt Hochleistungssorten gezüchtet, und viele Rinderrassen sind so heute vom Aussterben bedroht. Eine der meistverbreiteten Rinderrassen ist heute das aus Norddeutschland stammende Schwarzbunte Rind. Weitverbreitet ist auch noch das vor allem in Süddeutschland vorkommende Fleckvieh. Entsprechend der Verbreitung, der Ähnlichkeit der Körperform sowie der Zuchteigenschaften können die Rinderrassen in folgende Gruppen eingeteilt werden:

- *Grauvieh Ost- und Südeuropas* (zum Beispiel Ungarisches Graurind bzw. Steppenrind u. a.)
- *Niederungsvieh* (Holländische Schläge, Ostfriesische Schläge, Oldenburger Schläge, Schleswig-Holsteinische Schläge, Belgische und Französische Schläge)
- *Schläge der großstirnigen Rasse* (Schweizer Fleckvieh, Miesbacher Schlag, Meßkirchener Schlag, Zillertaler Schlag, Pustertaler Schlag, Pinzgauer Schlag, Lavanttaler Schlag)
- *Schläge der kurzhornigen Rasse* (Schwytzer Schlag, Allgäuer Schlag, Oberinntaler Schlag)
- *Landschläge in Bayern, Thüringen, an Rhein und im Harz* (Wälder, Vogtländer, Franken, Ansbach-Triesdorfer, Bayreuther Schecken, Elbinger Schlag, Rhöner Schlag, Vogelsberger Schlag, Westerwälder Schlag, Kleiner Schlag, Harzer Schlag)
- *Württemberger Landschläge* (Schwäbisch-Limpurger Schlag, Fleckvieh, Braunvieh, Gelbvieh)
- *Landschläge Norddeutschlands* (Haderslebener Schlag, Jütischer Schlag, Angelner Schlag)
- *Landschläge Österreichs* (Pinzgauer, Ruhländer, Egerländer, Oposchner, Böhmerwald)

Vom Aussterben bedrohte Rinderrassen

Rinder der Mittelgebirgs- und Alpenregionen

- Limpurger: Grafschaft Limpurg, nordöstlich von Stuttgart bei Schwäbisch Hall
- Glanvieh: Rheinland-Pfalz, Eifel, Hunsrück

- Rotes Höhenvieh: Rotviehschläge in Hessen, Westfalen, Niedersachsen, Thüringen, Bayern
- Murnau-Werdenfelser: Werdenfelser Land, Garmisch-Partenkirchen
- Vogtländisches Rotvieh: Vogtland, Sachsen
- Hinterwälder: südlicher Schwarzwald
- Vorderwälder: mittlerer und nördlicher Schwarzwald
- Original Braunvieh: Allgäu, Bodenseeregion
- Pinzgauer: Österreich, südliches Bayern
- Gelbes Frankenvieh: Franken, Oberpfalz
- Pustertaler Schecken: Pustertal, Südtirol
- Ansbach-Triesdorfer: Mittelfranken

Rinder Nord- und Ostdeutschlands

- Deutsches Shorthorn: Schleswig-Holstein, Eiderstedt
- Original Schwarzbuntes Niederungsrind: Norddeutschland, Hessen, Brandenburg
- Angler: Halbinsel Angeln, Schleswig-Holstein, Harz

Pferde – einst unentbehrlich

Vermutlich später als Rind und Hund wurden Pferde von Menschen domestiziert und als Nutztiere gehalten. Die verschiedenen Pferderassen gehen vermutlich auf Urpferde in Ostasien (Tarpan- und Przewalskypferde) zurück. Die ersten Pferde kamen mit den Griechen und Römern nach Europa und später nach Mitteleuropa. Die verschiedenen Pferderassen können in zwei Hauptgruppen eingeteilt werden: die orientalische und die europäische. Zu den orientalischen gehören die Pferderassen Asiens und Afrikas. Die wohl bekannteste orientalische Pferderasse ist der Araber. Nahe verwandt zum Araber sind turkmenische, persische, tatarische Pferderassen sowie die Berberrassen Nordafrikas.

Bei den okzidentalischen (europäischen) Rassen sind die englischen Vollblutpferde die wichtigste Pferderasse. Heute spielen Pferde als Nutztiere (Zugpferde, Tragetiere etc.) keine Rolle mehr. Lediglich das Interesse an der Reiterei (Reit- und Rennpferde) und die Wiederentdeckung alter Traditionen trägt mit dazu bei, daß alte Pferderassen erhalten bleiben. Auch setzen sich verschiedene Organisationen zur Erhaltung alter Pferderassen und anderer Haustierarten ein (zum Beispiel »pro specie rara«, www.prospecierara.ch).

Die Pferdezucht hat eine lange Tradition; man unterscheidet Pferde im Hinblick auf ihren Körperbau und ihr Temperament:

- *Vollblut:* Reinzucht der in Stutenbüchern registrierten, als Vollblut anerkannten Zuchttiere (edle, rassige Tiere)
- *Halbblut:* Kreuzung aus Vollbluthengst mit Kaltblutstuten
- *Kaltblut:* schwere Landschläge, Arbeitspferde

Bei der Auswahl von Zuchttieren wird seit jeher darauf geachtet, daß die Hengste möglichst von reiner Abstammung sind, einen regelmäßigen Körperbau sowie gute Haltung aufweisen, kräftig, gewandt und ausdauernd sind sowie die entsprechende Farbe ausweisen und ein gutes Temperament besitzen. Die Stute soll im Hinblick auf Größe und Gestalt dem Hengst ähnlich sein, ein gutgebautes Vorderteil und einen tiefen Leib aufweisen sowie ein entsprechend weites Becken und Gesundheit, Kraft und eine gute Futterverwertung zeigen. Gewöhnlicherweise werden Hengste erst nach dem vierten, Stuten nach dem dritten Lebensjahr zugelassen.

Wichtige Pferderassen

- Araber
- Anglonormanne
- Percheron
- Belgier
- Schwedisches Pony
- Ungarisches Pony
- Shetlandpony
- Yorkshire
- Oldenburger
- Trakehner
- Englisches Vollblut
- Camarguepferd

Es gab viele regional angepaßte Pferderassen, die heute vom Aussterben bedroht sind. Zu diesen gehören unter anderem folgende Rassen:

- Rottaler (Rottal, angrenzende Gebiete Bayerns)
- Alt-Württemberger (Oberland, Schwäbische Alb, Baden-Württemberg)
- Schwarzwälder Fuchs (Schwarzwald und nähere Umgebung)
- Oldenburger/Ostfriese (Oldenburg, Sachsen)
- Schleswiger Kaltblut (Schleswig-Holstein, Niedersachsen)
- Sarvarer/Leutstettener (Gebiet westlich von München)
- Rheinisch-Deutsches Kaltblut (Rheinland-Pfalz, Hessen, Niedersachsen, Sachsen, Thüringen, Mecklenburg-Vorpommern)
- Senner (Senne, Bielefeld)
- Dülmener (Merfelder Bruck, Dülmen, Westfalen)
- Pfälzer-Ardenner (Eifel, Hunsrück)
- Arenberg-Nordkirchner (Westfalen)

Sprache rund ums Pferd

- *Schritt:* langsamste Gangart des Pferdes im Viertakt. Nach dem linken Hinterbein folgt das linke Vorderbein; dann das rechte Hinterbein und das rechte Vorderbein.
- *Trab:* Gangart in zwei Takten. Dabei wird jeweils das diagonale Beinpaar gemeinsam vorgeschwungen. Zwischen den beiden Bodenberührungen gibt es dabei eine kurze Schwebephase.
- *Galopp:* Schnellste Gangart des Pferdes. Der Galopp besteht aus drei Takten, welcher eine Phase ohne Bodenkontakt folgt. Im Galopp können die Pferde bis zu 60 Kilometer schnell rennen. Im Renngalopp können sie 90 Stundenkilometer Geschwindigkeit erreichen.
- *Hohe Schule:* Ausbildung und Dressur von Pferden. Besonders bekannt: Spanische Hofreitschule in Wien
- *Fahren:* Nutzung des Pferdes als Zugtier
- *Voltigieren:* Durchführen turnerisch-gymnastischer Übungen auf einem galoppierenden Pferd
- *Fuchsjagd:* Gejagt wird heute kein echter Fuchs mehr, sondern ein Reiter. Wettbewerb, bei dem im Gelände viele Hindernisse überwunden werden müssen.

- *Polo:* Stammt von einem indischen Sport ab und ist ein Ballspiel, bei dem zwei Mannschaften mit jeweils vier Reitern mit einem Poloschläger um den Ball kämpfen (ursprünglich wurde dieser aus Yakhaut – Polo genannt – hergestellt).
- *Kavallerie:* berittene Truppe; früher wichtiger Teil der Armee

Schwein gehabt

Früher wurde zur Selbstversorgung in fast jedem Haus – ob es sich nun um einen Bauernhof handelte oder nicht – ein Schwein gehalten. Dies war – mit Ausnahme der Zentren in den großen Städten – noch bis Mitte des 20. Jahrhunderts so. Und Hausschlachtungen gehörten fast in jedem Herbst oder im frühen Winter zum festen Teil des Jahresverlaufs in fast jeder Familie. Die Schweine wurden meist mit Essensabfällen sowie gekochten Kartoffeln, Maisschrot, Gerste etc. gefüttert. Ab etwa 1960 verdrängten – auch durch die Förderung der Europäischen Union – europäische »Einheits-Mastschweine« die vielen regionalen Rassen.

Entsprechend der verschiedenen Zuchtgebiete gibt es folgende Gruppen bei den traditionellen Schweinerassen:

Das Schwein des mittleren, westlichen und nördlichen Europas geht auf das schon von den jungsteinzeitlichen Siedlern domestizierte Wildschwein zurück. Unter anderem sind zu unterscheiden:
- Marschschwein in Schleswig-Holstein, Jütland und den dänischen Inseln, Mecklenburg, Hannover, Oldenburg und Westfalen
- Süddeutsche Schläge (z.B. Schwäbisch Hällisches Schwein, bei dem chinesische Schweine eingekreuzt wurden)
- Bayerisches Schwein
- Fränkisches Schwein
- Glanschwein
- Luzerner Schwein
- Dänisches und Mährisches Schwein
- Westfälisches Schwein
- Meißner Schwein

Rassen des südlichen Europas

Mangalizaschwein, Bakonyerschwein und Szalontaerschwein.
Die genannten Schweineschläge sind dem indischen Wildschwein
nahestehend und untereinander verwandt. Deren Zuchtgebiete
waren vor allem Ungarn, Siebenbürgen, Galizien, Bosnien, Serbien und die Türkei.

Die romanischen Schweine des südlichen und südwestlichen Europas

Hierzu gehören ursprüngliche Schweinerassen in Italien, Spani-
en, Portugal und die meisten Schläge in Frankreich. Sie haben
ebenfalls eine große Ähnlichkeit mit dem indischen Schwein,
besitzen jedoch eine borstenlose, feine Haut und sind meist ge-
scheckt.

Früher wurden Schweine noch vielfach im Freien gehalten, und
Sauen wurden oft drei Jahre lang gemästet. In den Zeiten indu-
strieller Schweinezucht ist das längst Vergangenheit; nur noch
Freilichtmuseen und verschiedene Organisationen kümmern
sich – ebenso wie alternative Bauernvereinigungen – um die Erhaltung alter Rassen und deren artgerechte Aufzucht.

Die Sprache rund ums Schwein

- Börge, Bätzen = männliche, kastrierte Ferkel (Milchferkel,
  Spanferkel, Mastferkel)
- Nonnen = weibliche Schweine bis zum ersten Wurf
- Eber, Bayer, Bär, Hauer, Kempe, Keiler = männliches Schwein
- Bache, Docke, Kosel = Mutterschwein
- Eber = männliches Zuchttier
- Läufer = Jungtiere, die von der Mutter abgesetzt werden (bei
  frühreifen Rassen wurden die Läufer früher fünf bis sechs
  Monate gemästet). Kreuzungsschläge mästete man ein Jahr
  lang und alte Landschläge zwei Jahre lang.

Vom Aussterben bedrohte Schweinerassen

- Buntes Bentheimer Schwein (Grafschaft Bentheim, Niedersachsen, Nordrhein-Westfalen)
- Deutsches Sattelschwein (Grafschaft Angeln, Schleswig-Holstein, Sachsen, Mecklenburg-Vorpommern)
- Schwäbisch Hällisches Schwein (Hohenlohe, Süddeutschland)

Schafe, Ziegen, Esel – auch Kleinvieh macht Mist

Viele Menschen, die keine Bauernhöfe besaßen, hielten sich früher für die Eigenversorgung Kleintiere. Dazu zählten Kaninchen, Hühner, Enten und Gänse ebenso wie Schafe und Ziegen, welche man auch als Kuh des kleinen Mannes bezeichnete. Vielfach wurde das Futter für die Tiere entlang von Wegböschungen, Waldrändern und Bahn- sowie Hochwasserdämmen und Deichen mit der Sichel oder mit der Sense gemäht. Wo solche Flächen heute nicht mehr beweidet oder zur Landschaftspflege gemäht werden, verbuschen diese allmählich. So gehen wertvolle Kleinlebensräume für eine vielfältige Flora und Fauna zunehmend verloren. Schafe wurden sowohl für die Wanderschäferei und der damit verbundenen Weidenutzung in größerer Zahl als auch in kleinen Gruppen an Haus und Hof gehalten.

Die europäischen Schafrassen gehen wohl auf das Mufflon – dem auf Korsika noch wildlebenden Wildschaf – zurück. Bei den verschiedenen Rassen unterscheidet man zwischen Wollschafen und Fleischschafen (Mastrassen). Nachdem die Wollproduktion in Europa nahezu keine Bedeutung mehr hat, sind verschiedene Schafrassen vom Aussterben bedroht:

- Waldschaf (Südbayern, Bayerischer Wald)
- Brillenschaf (Oberbayern, Alpenraum)
- Steinschaf (Alpenraum)
- Bentheimer Landschaf (Moor- und Heidegebiete im westlichen Niedersachsen)
- Rauhwolliges Pommersches Landschaf (Ostseeraum, Mecklenburg-Vorpommern)

- Skudde (Ostpreußen, östliche Bundesländer, Hessen)
- Braunes Bergschaf (oberbayerischer Alpenraum)
- Weiße Gehörnte Heidschnucke (Südoldenburg, Emsland, Schleswig-Holstein)
- Moorschnucke (Diepholzer Moor, Norddeutschland)
- Rhönschaf (Mittelgebirge in Hessen, Thüringen, Bayern)
- Coburger Fuchsschaf (Mittelgebirge in Nordbayern und Baden-Württemberg)
- Leineschaf (südl. Niedersachsen, Thüringen)

Ziegen, wer will da meckern?

Wildziegen, von denen die späteren Haustiere abstammen, sind die Bezoarziegen Vorder- und Mittelasiens, die Schraubenhornziege des Himalaja sowie der Alpensteinbock, der heute wieder die Hochgebirge in Österreich, der Schweiz, Frankreichs und Deutschlands bewohnt. Besonders bekannt sind die Haustierrassen der Kaschmirziege, welche den Rohstoff für feine Kaschmirwolle liefert, aber nur in den Bereichen des Himalaja gehalten wird. Von der Hausziege gibt es verschiedene Rassen, die ganz unterschiedliche Größen aufweisen können. Früher – und auch heute wieder vereinzelt – hatten die Wanderschäfer immer ein paar Hausziegen mit bei der Schafherde, weil diese auch dornige Sträucher wie Wacholder, Schwarzdorn (Schlehe) und Weißdorn abknabbern und damit die Weiden und Driften offenhielten. Zunehmend erfreut sich die Ziegenhaltung einer neuen Belebung durch das gewachsene Interesse an leckerem Ziegenkäse.

Gefährdete Ziegenrassen:

- Thüringer-Wald-Ziege (Thüringen, Sachsen)
- Erzgebirgsziege (Erzgebirge, Sachsen)
- Schwarzwaldziege (Schwarzwald, Württemberg)
- Frankenziege (Fichtelgebirge, Spessart, Rhön, Franken)

Nutz- und Haustiere

Huhn

Katze

Hausgans

Hausente

Hund

Kaninchen

Esel

Schaf

Ziege

Pferd

Schwein

Hausrind

Esel

Der noch vor 200 Jahren als Lasttier beliebte Esel ist heute sehr selten geworden und oft nur noch in Zoos, Tiergehegen und Freilichtmuseen zu sehen. Der Hausesel stammt vom nubischen Wildesel ab und ist mit dem Pferd kreuzbar: Beim dabei entstehenden Maultier ist die Mutter, beim Maulesel der Vater ein Pferd. Die Maultiere selbst sind nicht fortpflanzungsfähig. Der Wildesel besitzt einen dunklen Aalstrich über dem Rücken und quer dazu verlaufende Streifen über die Schultern.

Andere Hofgenossen: Kaninchen, Hühner, Gänse, Hund und Katz

Kaninchen

Kaninchen (nicht zu verwechseln mit dem Wildhasen) stammen vom Wildkaninchen ab, dessen Verbreitungsgebiet ursprünglich Nordafrika und Spanien umfaßte. Doch schon im Altertum wurden Wildkaninchen in anderen Gebieten Südeuropas eingeführt und kamen im Mittelalter mit den Menschen auch nach Mitteleuropa sowie später nach Australien und Neuseeland. Vermutlich wurden die ersten Kaninchen in Spanien domestiziert. Man unterscheidet Fleischrassen und das Angorakaninchen, welches weiche Wolle liefert.

Verschiedene Kaninchenrassen: Deutscher Riese, Angorakaninchen, Silberkaninchen und Widder

Der Hühnerhof

Selbst in ländlichen Regionen kann man heute kaum noch einen Hühnerhof antreffen. Dabei gehörten die Hühner früher zu jedem Haushalt. Sind die Tiere doch relativ einfach zu halten, liefern Eier, Suppenfleisch und Brathähnchen. Doch längst ist die Hühnerhaltung industrialisiert. Insgesamt sind 150 Zuchtrassen bei den Hühnern unterscheidbar. Als Bezugsrassen gelten sieben Rassen. Dazu gehören

- Rhodeländer: rötliches Huhn mit einfachem Kamm und gelben Läufen
- Leghorn: weißes Huhn mit einfachem Kamm und gelben Läufen
- New Hampshire: rotes, helles Huhn
- Wyandotte: weißes Huhn mit rosafarbenem Kamm und gelben Läufen
- Schwarzes Bressehuhn: schwärzliches Huhn mit einfachem Kamm und blauen Läufen
- Sussex: weißes Huhn mit einfachem Kamm und rosa Läufen
- Gâginaise: weißes Huhn mit einfachem Kamm und weißen Läufen

Egal, ob weiße oder braune Eier: die Farbe hat keinen Einfluß auf den Geschmack.

Gänse

Man sagt, daß die Wachhunde des alten Rom Gänse waren, weil sie bei Gefahr laut schnatterten. Stammart der Hausgänse ist die Graugans. Es werden weiße Hausgänse unterschieden, welche gebraten werden: Dazu gehören Bresse-Gans, Touraine-Gans, Bourbonische Gans, Elsässische Gans etc. Dann gibt es graue Gänse, welche vor allem zur Erzeugung von Gänseleber genutzt werden. Dazu gehören Toulouser Gans, Gemonder Gans.

Die wichtigsten Hunderassen

Es gibt über 300 Hunderassen auf der Welt, und alle stammen sie letztlich vom Wolf – ihrem wilden Verwandten – ab. Denn alle Hunde haben die gleiche Chromosomenzahl, die gleiche Zahnformel sowie dieselben Proteinmuster bei den Bluteiweißen wie der Wolf.

- Deutscher Schäferhund
- Pudel
- Cockerspaniel
- Labrador
- Dackel (Teckel)

- Collie
- Englischer Setter
- Boxer
- Dalmatiner
- Bobtail
- Basset
- Deutsche Dogge
- Bernhardiner
- Afghane
- Golden Retriver

Hauskatzen

Die verschiedenen Rassen der Hauskatzen gehen vermutlich auf die Falbkatze – eine Wildkatzenart, welche in Afrika und dem westlichen Asien verbreitet ist – zurück. Die Europäische Wildkatze gilt nicht als Urahn der Hauskatzen. Dennoch gibt es immer wieder Kreuzungen zwischen Hauskatzen und der Europäischen Wildkatze.

Die ersten Hauskatzen gelangten wohl von Ägypten aus – dort gibt es Darstellungen von domestizierten Katzen, die bis auf das Jahr 2000 v. Chr. zurückgehen – in vorchristlicher Zeit über Palästina nach Griechenland. Um 500 v. Chr. waren die Hauskatzen wohl auch im heutigen Italien eingeführt. Die Römer waren es dann auch, welche die Tiere über die Alpen nach Europa brachten, von wo aus durch den Menschen eine weite Verbreitung nach Nord- und Südamerika sowie Südostasien und Australien erfolgte.

Wichtige Rassen
- Siamkatze
- Burmakatze
- Kartäuserkatze
- Europäische Kurzhaarkatze (hierzu gehören einfarbige, marmorierte und getigerte sowie dreifarbige Katzen)
- Angorakatze
- Perserkatze
- Birmakatze

Im Garten, auf Acker und Feld

Ob vom Garten, vom Feld oder von der Streuobstwiese: Eine Vielzahl von Früchten und Gemüse bereichert unsere Küche. Je nach Gegend wurde von Opa früher fast alles selbst angebaut. Heute wissen viele Kinder nicht mehr, was man alles selbst anbauen kann, und meinen, das Essen käme aus dem Supermarkt.

Unsere wichtigsten heimischen Früchte und Gemüse

Schalenfrüchte
- Walnuß
- Haselnuß

Beerenobst
- Erdbeere
- Himbeere
- Rote Johannisbeere
- Schwarze Johannisbeere
- Stachelbeere

Kernobst
- Apfel
- Birne

Steinobst
- Süßkirsche
- Sauerkirsche

- Pflaume (Zwetschge, Eierpflaume, Reneklode, Mirabelle)
- Pfirsich
- Aprikose

Wurzel- und Knollengemüse
- Karotte/Gelbe Rübe
- Weiße Rübe
- Kohlrabi
- Rettich/Radieschen
- Schwarzwurzel
- Kartoffel
- Wurzelsellerie
- Zuckerrübe
- Futterrübe
- Rote Bete

Stengel- und Zwiebelgemüse
- Zwiebel
- Knoblauch
- Spargel

*Blattgemüse/Blatt-
stielgemüse*
- Kohl (Weißkohl, Rotkohl,
  Grünkohl, Blumenkohl,
  Rosenkohl, Brokkoli etc.)
- Salate (Kopfsalat, Endivie,
  Chicorée)
- Spinat
- Lauch
- Mangold
- Staudensellerie
- Rhabarber

Frucht-/Samengemüse
- Tomate
- Kürbis

- Gurke
- Zucchini
- Aubergine
- Gemüsepaprika

Hülsenfrüchte
- Linsen
- Erbsen
- Bohnen
- Saubohnen

Kräuter
- Petersilie
- Schnittlauch
- Salbei
- Rosmarin
- Basilikum
- Zitronenmelisse
- Knoblauch
- Kerbel
- Thymian

Paradies im kleinen: Großvaters Obstgarten

Die Krone vom Wind zerzaust und einer der Hauptäste schon
vor Jahren nach einem schweren Gewittersturm abgebrochen.
Knorrig, verwachsen steht er da am Wegesrand: der alte Birnbaum. Wie amputiert reckt sich der zersplitterte Aststummel in
den blauen Frühlingshimmel. Und doch scheint der Baumvete-
ran noch voller Leben zu stecken. Jetzt, Anfang Mai, verwandeln Abertausende von Blüten den alten Birnbaum wieder in ein
gigantisch großes, strahlend weißes Blumengebinde. Wie alt er
wohl sein mag? 120 Jahre oder noch älter? Sicherlich stammt
er noch aus der Kaiserzeit. Ja, könnte der Baumgreis erzählen,
da hätte er vieles zu berichten. Von der Zeit etwa, als Postkut-
schen vorbeiholperten und das Getreide auf dem benachbarten
Acker noch mit Sense und Sichel geschnitten wurde. Über Ge-

nerationen hinweg diente der Veteran so mancher Bauernfamilie als Vesperbaum. Unter seiner weit ausladenden Krone fanden sie in den Arbeitspausen kühlenden Schatten und genossen den aus den Birnen des Baumes gewonnenen Most. Kinder gingen hier auf Maikäferjagd, machten ihre ersten Kletterübungen und lernten so – ganz spielerisch – die Vielfalt von Natur und Kultur gleichermaßen kennen. Liebespaare saßen unter dem Baum und Jahrzehnte später ihre Enkel und Urenkel. Doch seit einigen Jahren werden die Birnen nicht mehr geerntet, sondern vergammeln im Straßengraben.

Ob als Alleebäume, als Garten- oder Hofbäume oder als weitläufige Obstgärten, wie man sie in Baden-Württemberg, Rheinland-Pfalz, Hessen, Bayern und teilweise in Thüringen sowie in Österreich und der Schweiz findet, spielten die unterschiedlichsten Obst- und Fruchtbäume über die Jahrhunderte hinweg eine wichtige Rolle zur Selbstversorgung der Menschen. Obstgärten – auch als Streuobstwiesen bezeichnet – finden sich vor allem in klimatisch begünstigten Gebieten mit mindestens 700 mm Niederschlag und durchschnittlich 7 °C im Jahresmittel.

Den Apfel als die häufigste Baumfrucht der Obstwiesen kennen die Menschen seit 7000 Jahren. Ob Evas Apfel, der als Frucht des Baumes der Erkenntnis gedeutet wird, rotbackig gefärbt war, läßt sich nicht sagen, aber daß die Früchte des Wildapfels schon zu biblischen Zeiten existierten, ist sicher. Die Zivilisation des Zweistromlandes hat Apfelbäume ebenso kultiviert wie später die alten Griechen, welche den Apfel (aber auch den im Mittelmeerraum gedeihenden Granatapfel) als Symbol der Liebe, Fruchtbarkeit und Sinnlichkeit betrachteten. Die Römer führten mediterrane Apfelsorten nach Mitteleuropa ein. Klöster und Landesherren verbesserten im Mittelalter durch Zucht Farbe, Geschmack und Wuchs der Äpfel.

Die wichtigsten Bäume der Obstgärten

Apfel

Der Apfelbaum liebt nährstoffreichen, gut durchlüfteten Boden und milde Klimalagen. Die Blüten sind weiß mit einem rötlichen Rand. Äpfel werden seit der jüngeren Steinzeit kultiviert. Die Wildform ist der »Holzapfel« – aus ihm wurden über 20 000 verschiedene Sorten gezüchtet. Äpfel enthalten viele Vitamine, Mineralstoffe und Spurenelemente. Wenn man die Kerne eines Apfels pflanzt, dann wächst nicht die gleiche Apfelsorte, sondern eine Wildform.

Birne

Der Birnbaum ist seit dem Altertum eine Kulturpflanze. Die heutige Anzahl der Sorten wird auf über 5000 geschätzt, welche sich im Geschmack, der Fruchtform und im Gerbstoffgehalt erheblich voneinander unterscheiden. Der Baum braucht einen wintermilden Standort; das Holz wird zur Herstellung von Möbeln und Musikinstrumenten verwendet. Die Früchte sind sehr gesund – sie enthalten viel Eisen, Kalium und Phosphor. Es gibt Tafelbirnen und Mostbirnen, aus denen auch Birnenschaumwein gemacht wird.

Kirsche

Seit der Römerzeit als Kulturpflanze bekannt; kommt als Sauer- und als Süßkirsche vor. Wächst auch wild an Rändern von Laub- und Mischwäldern (Vogelkirsche mit kleinen, aber sehr aromatischen Früchten). Farbe, Form und Größe der Früchte und die Konsistenz des Fruchtfleisches sind bei den vielen Sorten unterschiedlich. Man ißt sie entweder roh oder als Kompott oder verwendet sie unter anderem für Kuchen. Wächst mit Ausnahme des äußersten Nordens und Nordostens in ganz Europa bis nach Kleinasien, dem Nordiran und Kaukasus. Das Holz wird im Alter von 70 bis 90 Jahren zum Beispiel für Furniere verwendet.

Zwetschge

Es gibt viele Sorten, die sich nicht nur in der Reifezeit, sondern auch in Größe, Aroma und Form der Früchte unterscheiden. Der Anbau war den Griechen bereits im 7. Jahrhundert v. Chr. bekannt. Von dort gelangte die Zwetschge zu den Römern, und diese brachten sie nach Deutschland. Der Begriff »Zwetschge« tauchte im 15. Jahrhundert erstmals in Süddeutschland auf. Hatte im deutschsprachigen Raum früher eine große Bedeutung: Um 1900 waren 41 Prozent aller Obstbäume Pflaumen und Zwetschgen. Zu den Zwetschgen gehören auch Pflaumen und Renekloden.

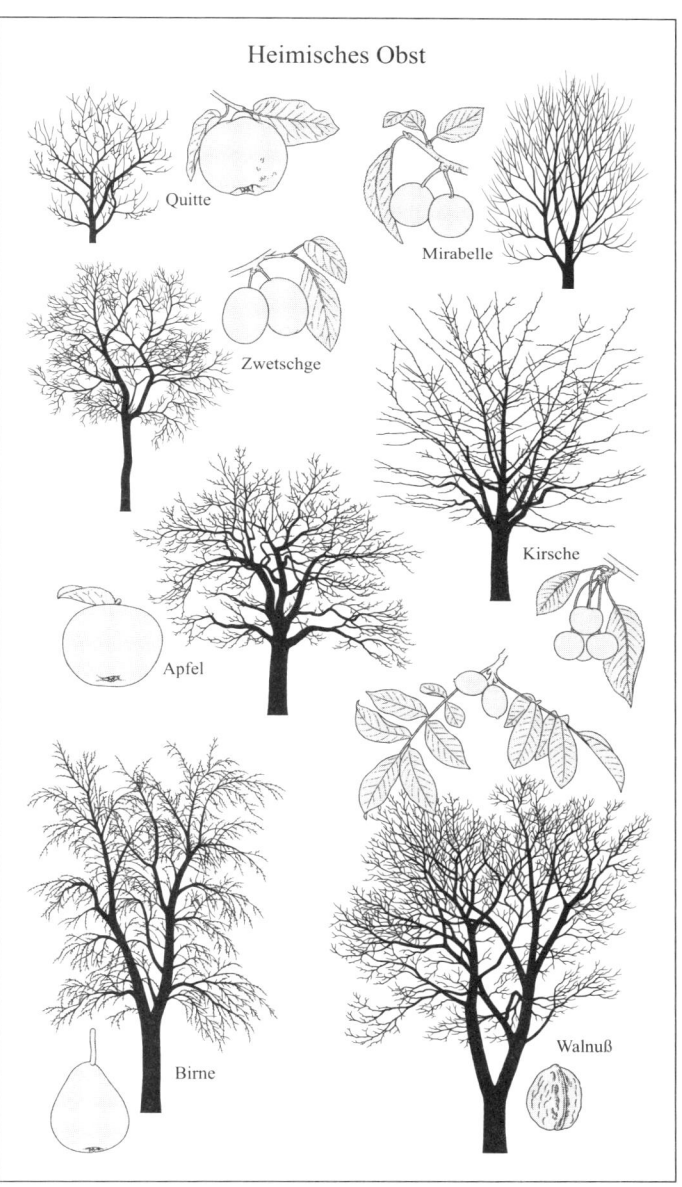

Heimisches Obst

Quitte

Mirabelle

Zwetschge

Kirsche

Apfel

Birne

Walnuß

Mirabelle
Die kleinste unter den Pflaumen, orangegelb gefärbt. Die bekannteste Sorte ist die Nancy-Mirabelle, die seit dem 15. Jahrhundert um diese französische Stadt herum angebaut wird. Seit Mitte des 18. Jahrhunderts faßte sie auch in Deutschland Fuß. Sie ist reich an Kalium, B- und C-Vitaminen. Mirabellen können zu Kompott, Marmelade oder Schnaps verarbeitet werden.

Quitte
Die Urform der Quitte stammt aus Klein- und Zentralasien. Der Baum stellt an Böden keine besonderen Ansprüche; er ist jedoch frostempfindlich und braucht Sommerwärme (oft in Weinbaugebieten verbreitet). Die Quitte kommt wild nur als Strauch vor; als Kulturpflanze wird sie auch veredelt und mit einer stammbildenden Unterlage versehen. Aus ihr kann man Kompott, Gelee oder Quittensaft herstellen, für den Rohverzehr ist sie nicht geeignet, da sie sehr hart und wenig schmackhaft ist. Enthält viel Vitamin C, Kalium, Natrium und Zink.

Walnuß
Bis ins Jahr 7000 v. Chr. geht die Geschichte der heutigen Walnußbäume zurück. Aus ihrer ursprünglichen Heimat in Persien gelangten die Bäume über Zentralasien und China bis ins antike Griechenland. Später wurden sie auch ins Römische Reich gebracht. Sie liefern nicht nur wohlschmeckende Früchte, sondern auch wertvolles Nutzholz. Ein Walnußbaum kann über 25 m hoch und bis zu 100 Jahre alt werden.

Getreide: Unser täglich Brot

Wie unterscheidet sich Weizen von Dinkel, und wozu dient Hafer, wozu Roggen? Viele Menschen können diese Fragen nicht mehr beantworten, obwohl sie auf diese Nahrungspflanzen angewiesen sind. Hier die wichtigsten Fakten zu Brot- und anderem Getreide:

Weizen

Weizen wurde bereits in der mittleren Jungsteinzeit, also vor etwa 5600 Jahren, aus mehreren Süßgrasarten gezüchtet. Die ersten vom Menschen angebauten Weizensorten waren Einkorn und Emmer – ihr Herkunftsgebiet ist der Vordere Orient. Mittlerweile stellt der Weizen das Hauptnahrungsmittel in Europa dar. Die Weizenähren stehen aufrecht, und auf jedem Absatz der Ähre entwickeln sich bis zu vier Körner. Weizen wird vor allem für Brot, Brötchen, Brezeln, aber auch für Grieß und Nudeln verwendet. Eine besondere Verwendung findet er in der Bierbrauerei (Weizenbier bzw. Weißbier). Im Anbau ist der Weizen anspruchsvoll: Er benötigt humusreiche und kalkhaltige Lehmböden (zum Beispiel Lößböden). Die klimatische Nordgrenze des Weizenanbaus liegt gegenwärtig noch auf der Breitenlage Schottlands und Schwedens – vom Klimawandel beeinflußt, zeichnet sich aber eine Verschiebung nach Norden ab.

Dinkel

Die Halme sind hochwüchsig, liegen aber nach Unwettern oft am Boden. Die bei der Reife horizontal abstehenden oder geneigten Ähren wirken lang und dünn. Dinkel ist der nächste Verwandte und ein Vorläufer unseres Weizens. Er ist aber nicht nacktkörnig – muß also wie Hafer separat in speziellen Mühlen entspelzt werden. Dinkel ist relativ anspruchslos an Boden und Klima, er ist weniger frostempfindlich, wächst auch auf schlechteren Böden und hat nur wenige tierische »Feinde«. Der Dinkelanbau ging, wie der Anbau von Emmer oder Einkorn, in der Moderne stark zurück. Seit etwa 1990 wird Dinkel jedoch wieder verstärkt angebaut, unter anderem, um Mehl für Brot und Teigwaren für Weizenallergiker zu erzeugen.

Emmer

Emmer gilt als »Ur-Weizen«. Er ist zusammen mit dem Einkorn eine der ältesten kultivierten Getreidearten. Emmer wurde jedoch in der Moderne in Mitteleuropa nur noch sehr selten angebaut – er erfreut sich aber heutzutage, vor allem im ökologischen Landbau, einer bescheidenen Renaissance.

Getreide

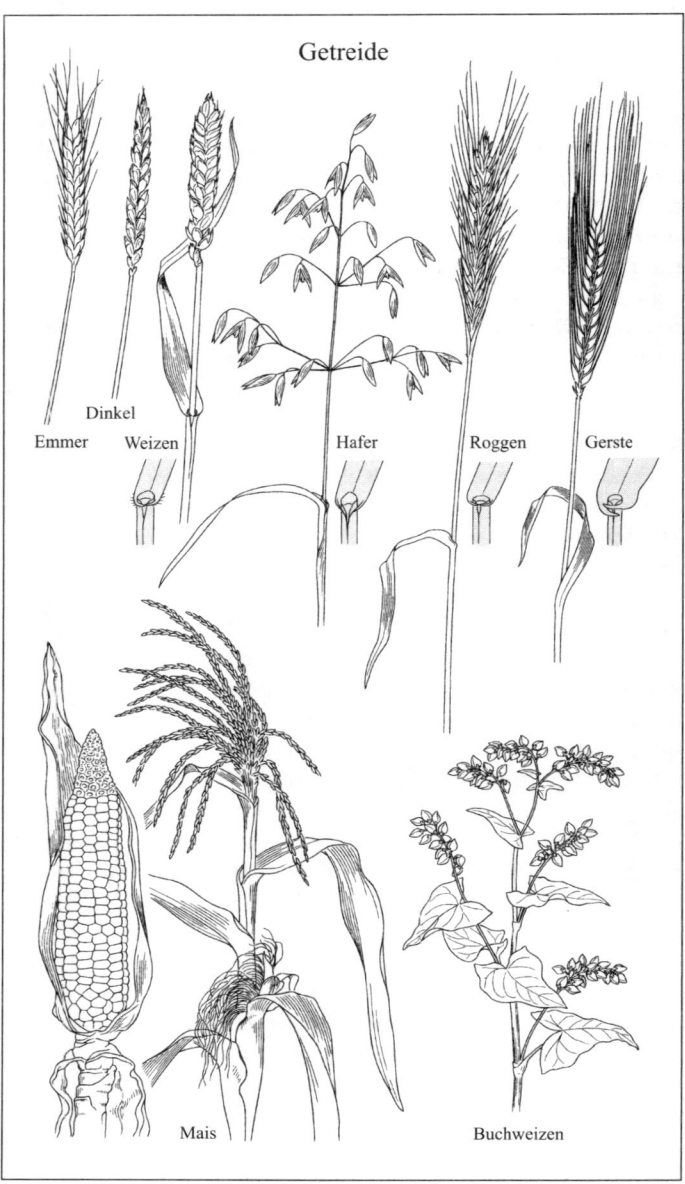

Emmer

Dinkel
Weizen

Hafer

Roggen

Gerste

Mais

Buchweizen

Gerste

Die mehrzeiligen Gersten haben dicke, hängende Ähren und jeweils drei begrannte Körner pro Glied. Sie werden in der Regel im Winter angebaut und als Futtergerste verwendet. Die zweizeilige Form hat flache Ähren, weil auf jedem Glied nur ein begranntes Korn sitzt. Sie wird überwiegend als Sommerfrucht angebaut und meist zum Bierbrauen verwendet, z. T. auch als Schweinefutter. Die Gerste kommt, wie der Weizen auch, ursprünglich aus dem Vorderen Orient – die ältesten Nachweise der Gerste lassen sich bis etwa 10 000 v. Chr. zurückdatieren. Im Mittelalter wurde Gerste in Form von Gerstenbrei oder Graupen auch als Hauptnahrungsmittel verwendet, da es ja noch keine Kartoffeln etc. gab. Gerste ist sehr anspruchslos, was Boden und Klima anbelangt: Gersteanbau ist von allen Getreidearten unter den extremsten Bedingungen möglich.

Hafer

Eine der wenigen Getreidearten in Mitteleuropa, bei der die Körner nicht in Ähren stehen, sondern in Rispen hängen. Die Haferkörner bleiben nach dem Dreschen bespelzt und müssen deshalb in besonderen Mühlen entspelzt werden. In Mitteleuropa wird Hafer vor allem zu Haferflocken verarbeitet, eine wertvolle Zutat für Müslis. In der Regel wird er nicht als Brotgetreide genutzt. In den altertümlichen Getreidefunden taucht Hafer nie in Reinform, sondern immer als Beimengung auf. Dies läßt den Schluß zu, daß Hafer zunächst als »Beigras« auf Gersten- und Weizenfeldern wuchs. Er wird somit zu den sekundären Kulturpflanzen gezählt. Hafer benötigt ein gemäßigtes Klima mit ausreichend Niederschlag – sein Verbreitungsschwerpunkt liegt im nördlichen Europa (Großbritannien, Norddeutschland, Skandinavien). Wichtiges Kraftfutter für Pferde.

Roggen

Der Roggen ist ebenso wie der Weizen eine Nacktgetreideart. Roggen steht auf langen, dünnen Halmen, und die begrannten Ähren sind bei der Reife geneigt. Die Körner sind länglich und grau. Roggen dient ausschließlich als Brotgetreide – Roggenbrot ist dunkler und schwerer als Weizenbrot, es bleibt aber auch länger frisch. Roggen ist keines der klassischen Getreide der Antike. Man vermutet seinen Ursprung »erst« vor ca. 2000–3000 Jahren als »Unkraut« in Weizenfeldern Kleinasiens, wo es im Mischanbau verbreitet wurde. Der Roggen ist, was das Klima anbelangt, deutlich anspruchsloser als der Weizen. Er ist eher unempfindlich gegenüber Kälte, Nässe und Trockenheit. Auch an den Boden stellt er kaum Ansprüche.

Buchweizen

Eigentlich gehört der Buchweizen nicht zum Getreide. Er wird nämlich der Familie der Knöterichgewächse zugeordnet und ist deshalb ein sogenanntes »Pseudogetreide«. Er ist verwandt mit Sauerampfer und Rhabarber. Der Name Buchweizen leitet sich von den kastanienbraunen dreikantigen Früchten ab, die an Bucheckern erinnern. Buchweizen wurde vermutlich zuerst in China kultiviert. Neben der Herstellung von Buchweizenmehl dient Buchweizen auch als gute Honigpflanze. Im Anbau ist Buchweizen anspruchslos und gedeiht auch auf unfruchtbaren Böden (Heide- und Moorlandschaften). Die berühmten Blini der russischen Küche werden aus Buchweizenmehl hergestellt. Auch die französische Küche verwendet Buchweizenmehl für Pfannkuchen (Galettes). Zum Brotbacken ist Buchweizen ungeeignet, da er im Gegensatz zu normalem Mehl kein Gluten (auch als »Kleber« bezeichnet) enthält. Dadurch ist er aber auch für Menschen geeignet, die kein Gluten vertragen.

Mais

Der Mais ist ein Gigant unter den Getreidearten – sowohl was die Höhe der Pflanze als auch was die Größe der Kolben anbelangt. Die Maispflanze wird ca. 2 Meter hoch und trägt an der Spitze die männlichen Blütenstände – die Kolben befinden sich in den sogenannten »Blattachseln«. Mais wird in Deutschland nahezu ausschließlich als Viehfutter angebaut, in früheren Zeiten wurde er jedoch auch zum Brotbacken verwendet. Mais ist auch Grundlage für Polenta, die aus Maisgrieß hergestellt wird. Er wurde im 15. Jahrhundert unter anderem von Kolumbus aus Amerika eingeführt – in Deutschland erlangte er aber erst nach den Kartoffelmißernten und Hungersnöten 1846/1847 Bedeutung. Zunehmend erlangt der Mais Bedeutung für die Biomasse-Erzeugung.

Unsere wichtigsten Nahrungspflanzen

Erdbeere
Es handelt sich eigentlich um keine echte Beere, sondern um eine Scheinfrucht, bei der die Früchte aus dem fleischig werdenden Blütenboden – auf dem viele kleine »Nüßchen« sitzen – gebildet wird. Verwandte der wilden Walderdbeere; wurde jedoch aus ausländischen Wilderdbeerformen gezüchtet.

Gartenerbse
Schon zur Steinzeit wurden die Erbsen wegen der nährstoffreichen Samen kultiviert. Es gibt heute vielerlei Zuchtformen. Die Frucht kann frisch als Gemüse oder die Samen gekocht als Suppe (Erbsensuppe bzw. Erbsenbrei) verzehrt werden. Sowohl Samen als auch Grünmasse sind wichtige Futterpflanzen für das Vieh.

Gelbe Rübe/Mohrrübe
Ein zweijähriges Gewächs mit tiefer Pfahlwurzel und weißen Blüten, auf denen unter anderem der Schwalbenschwanz-Schmetterling seine Eier ablegt. Die häufig angebaute Gemüse- und Futterpflanze enthält reichlich Zucker und Karotin und ist wichtig für die Vitamin-A-Versorgung.

Hafer
Ein Sommergetreide, das nicht nur wichtiges Pferdefutter, sondern auch die Körner für Haferflocken (Müsli) und andere Gerichte liefert).

Kartoffel
Ursprünglich in Südamerika in vielen Arten und Varianten heimisches Nachtschattengewächs, im 16. Jahrhundert vom britischen Seefahrer Sir Francis Drake nach Europa gebracht. Neben Weizen die wichtigste Nahrungspflanze. Alle grünen Teile, auch am Licht ergrünte Früchte, sind giftig. Wegen ihres hohen Stärkegehalts der Knollen als Speise- und Futterkartoffel und zur Herstellung von Mehl und Spirituosen (Wodka) angebaut.

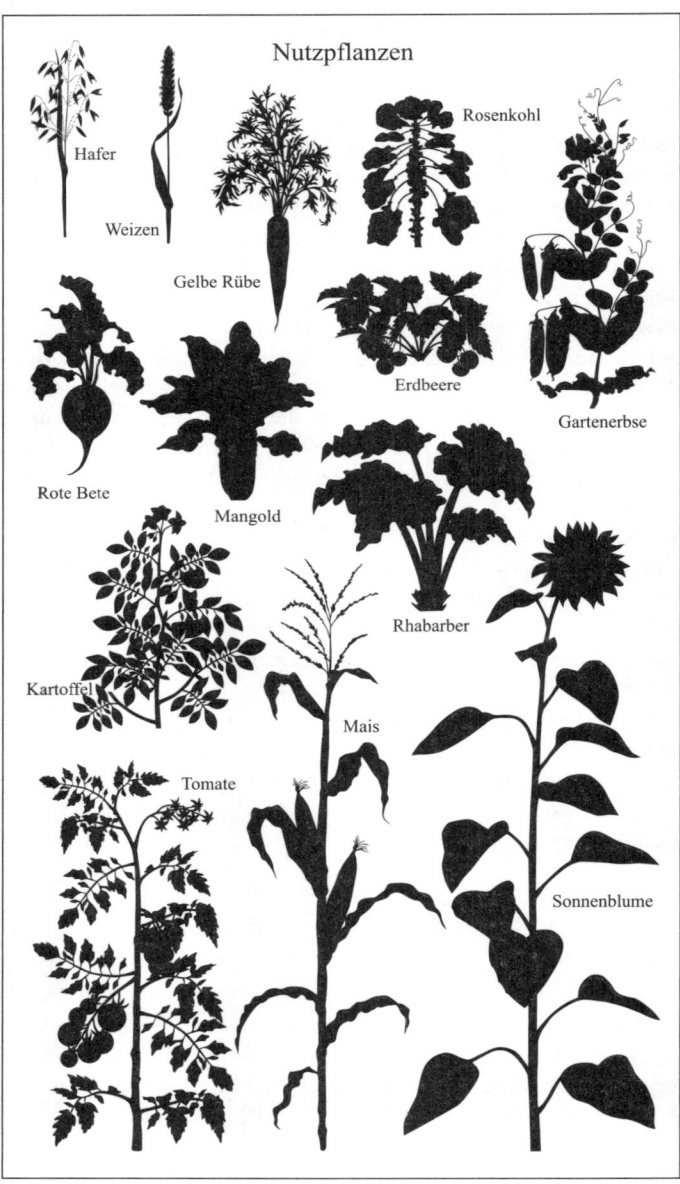

Nutzpflanzen

Hafer

Weizen

Gelbe Rübe

Rosenkohl

Erdbeere

Gartenerbse

Rote Bete

Mangold

Rhabarber

Kartoffel

Mais

Tomate

Sonnenblume

Mais

Heimat der rund 2 Meter hohen Getreidepflanze ist ursprünglich Südamerika. Dort gibt es unzählige Wildrassen. Heute ist Mais in allen warmen und milden Klimalagen verbreitet. Aus Maismehl wird Brot und in Mexiko die fladenförmige Tortilla gebacken, aus den Keimlingen wird Öl gewonnen. Unreife Pflanzen werden als Grünfutter verwendet.

Mangold

Blätter und Blattstiele werden als Gemüse verwendet. Die Blätter des Schnitt-Mangolds werden im Sommer mehrmals über dem Boden abgeschnitten und wie Spinat zubereitet. Vom Rippen-Mangold können die bis zu 8 Zentimeter breiten Blattrippen wie Spargel verzehrt werden.

Rhabarber

Die uralte Heilpflanze ist durch die großen Blätter eigentlich unverwechselbar. Rhabarber ist reich an Gerbstoffen und wird auch als Abführmittel gebraucht. Diente einst auch als Zierpflanze, wird erst seit dem 18. Jahrhundert als Küchenpflanze (Rhabarberkompott, Rhabarberkuchen) verwendet.

Rosenkohl

Das typische Wintergemüse wird zur Zeit der ersten Fröste geerntet. Die einzelnen Röschen wachsen an bis zu ein Meter hohen Stengeln – von oben geschützt durch üppige Kohlblätter. Die Bitterstoffe haben eine krebshemmende Wirkung; außerdem enthält er viel Vitamin B und C, Kalium und Ballaststoffe. Er soll die Konzentrationsfähigkeit fördern und die Nerven beruhigen.

Rote Bete

Wird im Sommer angebaut und ab Oktober bis zum ersten Frost geerntet; Wintergemüse, das ursprünglich aus der Mittelmeerregion stammt. Enthält viele Vitamine, Mineralstoffe und Kalium – daher wirkt sie appetitanregend und verdauungsfördernd. Kann zum Beispiel als Salat oder Saft genossen werden.

Sonnenblume

Die Zier-, Futter- und Nutzpflanze liefert einen ölreichen Samen, und aus diesem wird kaltgepreßtes, hochwertiges Speiseöl gewonnen; auch die Kerne sind sehr nahrhaft. Die Preßrückstände sind wertvolles Futtermittel; die Blüten können einen Durchmesser von bis zu 50 Zentimeter erreichen.

Tomate

Tomaten stammen wie die Kartoffeln – ebenfalls ein Nachtschattengewächs – aus Südamerika. Sie wurde im 16. Jahrhundert nach Europa gebracht. Zunächst waren Tomaten Zierpflanzen und wurden als giftig betrachtet. Erst seit dem 19. Jahrhundert werden Tomaten als Gemüsepflanzen verwendet. Die an Vitamin A, B und C sehr gehaltreiche Frucht ist, botanisch gesehen, eine Beere.

Weizen

Neben dem Reis ist der Weizen die wohl wichtigste Getreideart der Erde. Die schon in vorgeschichtlicher Zeit angebaute Kulturpflanze wird bis zu 1,4 Meter hoch und hat eine schlanke Ähre. Wichtig sind Hart- und Weichweizen. Letzterer wird am häufigsten mit zahlreichen Sorten kultiviert.

Wichtige in Deutschland, Österreich, der Schweiz und in Luxemburg angebaute Traubensorten

Weißweine	Rotweine
Riesling, Kerner	Schwarzriesling
Müller-Thurgau	Lemberger (Blaufränkisch)
Silvaner, Elbling	Spätburgunder, Schilcher
Grau-/Weißburgunder	Trollinger, Samtrot
Grüner Veltliner	Clevner, Dornfelder
Sauvignon blanc	Portugieser, Zweigelt
Chardonnay	Merlot, Acolon
Auxerrois, Gutedel	Cabernet, Regent
Traminer, Muskateller	Syrah (Shiraz)

Wichtige Faserpflanzen

Zu allen Zeiten brauchten die Menschen Schnüre und Seile. Diese stellten sie zu Beginn der Seßhaftwerdung aus Fasern, Gräsern und dünnen Weidenzweigen her. Später kamen andere wichtige Faserpflanzen hinzu, aus denen nicht nur Bindematerial, sondern auch Kleidung hergestellt wurde.

Echter Lein
Die Pflanze stammt ursprünglich aus dem Orient und wurde in Europa weit verbreitet. Es gibt Sorten, welche zur Ölgewinnung angeboten werden, und andere, deren Stengel nach der Röstung zu Fasern verarbeitet werden.

Hanf
Die trockenen Stiele werden geröstet und wie beim echten Lein zu Fasern verarbeitet.

Jute
Auch Kalkuttahanf genannt. Wird insbesondere in Indien und Pakistan angebaut.

Sisal
Die Faser stammt aus der Sisal-Agave und wurde ursprünglich hauptsächlich in Mexiko und Kuba angebaut. Ist mittlerweile auch im südlichen Afrika etc. verbreitet. Die Fasern werden zur Verarbeitung für Säcke, Gurte und anderes genutzt.

Manila-Hanf (Abaca)
Aus den Blattstielen einer Wildbananenstaude (Faserbanane). Ergibt mit die reißfestesten Fasern der Welt. Wurde früher vor allem für Schiffstaue verwendet; heute zum Teil auch in der Autoindustrie als Ersatz für synthetische Fasern eingesetzt.

Baumwolle
Der Strauch gehört zu den Malvengewächsen. Die Samen sind von einem dichten Wollbüschel (Baumwolle) umgeben, dessen Haare bandartig abgeflacht und bis zu 4 Zentimeter lang sind.

Wissenswertes über meine Lieblingspflanzen

Wie macht man Wurst und Schinken?

Gehen wir heute in die Metzgerei – viele Metzgereien heißen nicht mehr so, sondern werden Fleischer-Fachgeschäft genannt und sind oft nur noch Verkaufsstellen –, so können wir aus einer Vielzahl von Fleisch- und Wurstwaren auswählen. Aber auch wenn es immer Metzgereien gegeben hat, haben früher viele Menschen ihre Wurst selbst gemacht. Selbst Leute, die nicht als Bauern tätig waren, hielten sich ein Schwein, und ein- oder zweimal im Jahr war Schlachttag. Dann kam ein Metzger vorbei, und hinterm Haus oder im Hof wurde das Tier ins Jenseits befördert, um daraus Räucherschinken, Brüh- und Bratwürste und Dosenwurst herzustellen.

Schlachttag, das war immer auch Festtag. Denn dann gab es Metzelsuppe. Das war die Brühe, in der Wurst und Fleisch gekocht wurden und zu der man Schweinskopf und Schweinsfüße und die ersten frisch gebrühten Leber- und Blutwürste zusammen mit Sauerkraut verspeiste. Mit solcherart gefülltem Bauch waren dann auch bei den Kindern die Tränen schnell getrocknet, welche vergossen wurden, als das »arme Tier« seine Behausung verlassen mußte, um die Speisekammer zu füllen und Platz für das nächste Borstenvieh zu machen. Weil man für die eine oder andere Wurst auch Rindfleisch benötigt, aber Handwerker und Arbeiter keine Großviehhaltung hatten, wurde dieses einfach zugekauft.

Im Grunde genommen ist es gar nicht so schwer, die Wurst selbst zu machen: Das kann heute jeder, auch wenn er kein Schwein mästet. Man kann beim örtlichen Metzger das Fleisch kaufen, durch den Fleischwolf drehen, selbst würzen und in Därme, Gläser oder Dosen füllen. Därme gibt's auch beim Metzger und Dosen in Haushaltswarenläden, beim Metzgereibedarf oder bei landwirtschaftlichen Absatzgenossenschaften. Ganz klar, daß Dosen und Gläser entsprechend im Wasserbad erhitzt werden müssen, damit die Wurst haltbar wird.

Frische Wurst kann nicht lange aufbewahrt werden, außer sie wird fachgerecht geräuchert. Dazu gab es früher in vielen Häusern einen im Kamin eingebauten Rauchfang. Heute gibt es Räucheröfen für den Garten zu kaufen, in denen sowohl Fische als auch Rauchfleisch oder Würste geräuchert werden können.

Es gibt viele Möglichkeiten, um leckere Schinken- und Wurstspezialitäten herzustellen:

Einsalzen/Pökeln

Das ist eine der ältesten Methoden, um Fleisch haltbar zu machen. Das Pökeln ist dem Einsalzen ähnlich; dabei wird jedoch nicht nur reines Kochsalz verwendet, sondern sogenanntes Nitritpökelsalz. Dem normalen Salz wird Salpeterkaliumnitrat zugesetzt, damit die rosa Färbung des Fleisches erhalten bleibt und dieses nicht grau wird. Außerdem wird so der Geschmack verbessert. Heute ist die Verwendung von Nitritpökelsalz bei manchen Ernährungsexperten umstritten.

Lufttrocknen

Früher wurden Hartwürste und Schinken oftmals an der Küchendecke oder auf dem Speicher luftgetrocknet. Heute geschieht dies bei der industrialisierten Wurstherstellung in großen, temperatur- und feuchtigkeitsgesteuerten Trocknungsräumen.

Räuchern

Rauch enthält Bestandteile, die bakterienhemmend sind. War das Räuchern einst eine Überlebensfrage, weil die Leute sonst im Winter – insbesondere in abgelegenen Gegenden, etwa in den Bergen – nichts zu essen gehabt hätten, so wird heute Rauchfleisch und Rauchwurst vor allem wegen des rauchigen Geschmacks hergestellt. Zum Räuchern verwendet man Sägespäne oder Holzchips. Es wird nicht nur Rauchfleisch und Salami geräuchert, sondern auch in unterschiedlicher Intensität Bratwurst (gerauchte Bratwürste), Blutwurst und Frankfurter/Wiener/Saiten-Würstchen. Die Metzger rauchten früher, als die Leute noch nicht mit Kühlschränken ausgestattet waren, vor allem auch im Sommer Frischwurst, damit diese ein paar Tage länger haltbar blieb.

Kochen

Im Grunde genommen ist das Kochen von Wurst nichts anderes als ein Garen in ständig bei 100 °C siedendem Wasser.

Wo die Wurst reinkommt

Viele Würste werden heute in sogenannte Kunstdärme abgefüllt. Diese werden aus dem Collagen, welches aus Rinderhäuten stammt, hergestellt und sind somit eßbar. Dann gibt es noch Kunstdärme (Pellen), die nicht eßbar sind und entfernt werden müssen. Und noch immer – dort, wo traditionell geschlachtet wird – gibt es Naturdärme. Dickdärme werden für Bratwürste verwendet, Dünndärme für andere Würste. Auch Schafsdärme kommen zum Einsatz. Wurst kann man außerdem in spezielle Dosen aus Weißblech abfüllen und einkochen, oder man gibt sie als Terrine in Gläser, wo sie im Herd oder im Backofen bei Temperaturen von 100 bis 200 °C gekocht werden.

Fleisch- und Wurstprodukte

Blutwurst/Rotwurst
Besteht aus Blut, Speck und fettgewebereichem Schweinefleisch. Mitunter wird auch Herz, Lunge und Niere verwendet.

Bratwurst
Aus Schweine- und Kalbfleisch.

Brühwurst

Besteht aus frischen Rind-, Kalb- oder Schweinefleisch (und gemischt). Dazu gehören Wiener Würstchen, Frankfurter Würstchen, Schwäbische Saitenwurst, Lyoner, Bierwurst, Mortadella, Knoblauchwurst, Münchner Weißwurst.

Dauerwurst

Als »Dauerwurst« bezeichnet man zum Beispiel Salami; sie entsteht durch sorgfältige Trocknung, teilweise auch durch Räucherung.

Gelbwurst

Wurst, für welche kein Nitritpökelsalz verwendet wurde.

Kochwurst

Hierzu gehört Leberwurst und Blutwurst/Rotwurst, Sülze, Schwartenmagen; die Würste werden zunächst im siedenden Wasser und anschließend bei rund 80 °C gekocht und nach dem Abkühlen geräuchert.

Pasteten/Rillettes

Schweinepasteten bestehen aus fein zerkleinertem Fleisch und Speck; oftmals vermischt mit Schweineleber.

Fleischpasteten bestehen aus Fleischstücken, die in ihrem eigenen Fett gekocht werden. Landpasteten bestehen aus einem Mix von fettem und magerem Fleisch, von Leber, Herz und Nieren des Schweins.

Gelierte Fleischpasteten werden aus mageren Fleischstücken mit einer Füllung aus Kalb-, Rind- und Schweinefleisch hergestellt.

Rillettes sind ein französischer Brotaufstrich aus im eigenen Fett und Saft gekochtem und konserviertem Fleisch. Bei den traditionellen Rillettes finden Schweinefleisch, Gänse- oder Entenbrust Verwendung.

Frische Rohwurst

Dazu gehören frische Mettwurst und streichfähige Rohwurst (Teewurst).

Gekochter Schinken
Reift durch zwei- bis dreiwöchige Lagerung in einer Salzlake. Anschließend erfolgt die Räucherung; dann wird das Fleisch gekocht.

Roher Schinken
Durch Salz haltbar gemacht und durch entsprechende Lagerung gereift. Manche Schinken werden geräuchert, andere nur luftgetrocknet.

Schweineschmalz
Entsteht durch das Schmelzen des Fettgewebes vom Schwein (Rückenfett, Bauchfett).

Speck
Aus dem Fettgewebe des Schweins. Frisch nur begrenzt haltbar, meist geräuchert oder gepökelt.

✐ Mein Lieblingswurstrezept

Opa und das ganze Universum

»Wir alle sind Sternenkinder: du, deine Schwester, Oma und auch Mama und Papa!« Was haben wir damals gestaunt: Wir sollen Außerirdische sein? Aus Sternenstaub gemacht?

Opa interessierte sich nicht nur für Ackerbau, Viehzucht, Mechanik und die alten Griechen, sondern beschäftigte sich auch mit dem, was über uns am Himmel so vor sich geht. Er sagte: »Wir schauen in die Vergangenheit, wenn wir in den Nachthimmel sehen.« Erst später war klar, was er gemeint hat: Das Licht braucht auf der Reise durchs All seine Zeit, bis es die Erde und damit unsere Augen erreicht. Was wir sehen, existiert vielleicht schon längst nicht mehr. Denn das Licht all der Sonnen war lange im All unterwegs. »Und wenn ein Außerirdischer von ferne unsere Erde betrachten würde, sieht er nicht uns, sondern vielleicht die Dinosaurier, wie sie über unseren Planeten laufen.« Mit solchen Sätzen hat Opa uns alle für das Weltall interessiert.

Oft haben wir Sternschnuppen am Nachthimmel gesucht. Weil wir von Opa erfahren haben, daß täglich über 100 Tonnen Sternenstaub auf die Erde fallen. Winzig kleine Teilchen; nur wenige groß genug, daß wir sie als Sternschnuppe sehen können, wenn sie in der Atmosphäre verglühen. Und dann muß man die Augen schließen und darf sich was wünschen. So soll auch das Leben auf die Erde gefallen sein: wie die Sternschnuppen aus dem All. Dann sind aus Kohlenstoffverbindungen vor Jahrmillionen die ersten Lebewesen entstanden; Sternenkinder wie wir.

Sonne, Mond und Sterne

Alle Sterne, die man sieht, sind Sonnen. Mit bloßem Auge können wir über 6000 Sterne sehen. Die Erde ist kein Stern, sondern ein Planet. Sie kann ebenso wie andere Planeten nicht selbst leuchten, sondern wird von der Sonne angestrahlt.

Es gibt weit draußen im Weltall viele Sterne, die sind zigtausendmal größer als unsere Sonne und im Kern millionenmal heißer. Die kleineren Sterne werden von den Astronomen als Zwerge bezeichnet. Sonnen beziehungsweise Sterne entstehen aus einer riesigen Gaswolke, die sich irgendwann durch die Schwerkraft zusammenzieht, bis sie eine glühende Gaskugel ohne feste Oberfläche bildet.

Das Licht der Sonne braucht acht Minuten, um zur Erde zu gelangen. Könnte jemand die Sonne abschalten, würden wir es auf der Erde also erst nach acht Minuten merken. Das Licht reist mit einer Geschwindigkeit von 300000 km pro Sekunde.

Die Erde umläuft in einem Jahr die Sonne (genauer in 365 ¼ Tagen) und dreht sich in 24 Stunden einmal um die eigene Achse. Die Sonne ist etwa hundertmal so groß wie die Erde, ihr Radius beträgt 696000 km und sie ist etwa fünf Milliarden Jahre alt. Im Innern der Sonne herrschen Temperaturen von 15 Millionen Grad. Pro Sekunde gibt die Sonne soviel Energie ab, wie die USA in 90000 Jahren verbrauchen würden. Die Energie entsteht, wenn im Innern der Sonne Wasserstoffatome zu Helium verschmelzen. Astronomen schätzen, daß die Sonne noch weitere fünf Milliarden Jahre existiert. Dann wird sie sich zu einem »roten Riesenstern« aufblähen und die Erde verschlingen. Doch das Leben auf der Erde ist zu diesem Zeitpunkt schon lange verschwunden.

Die Milchstraße

Die alten Griechen glaubten, daß die Göttergattin Hera Muttermilch am Himmel verspritzt hat. Deshalb nannten sie »unsere« Galaxie Milchstraße. Die Milchstraße enthält etwa 100 Milliarden Sterne. Großvater sagte immer: »Selbst wenn du jede Sekunde einen Stern zählst, brauchst du über 3000 Jahre, bis du alle Sterne in der Milchstraße gezählt hast!« Astronomen schätzen, daß der Urknall – die Geburtsstunde des Universums – vor 20 Milliarden Jahren stattgefunden hat.

Unsere Sonne ist 26 000 Lichtjahre vom Zentrum der Milchstraße entfernt und steht ziemlich am Rande des Geschehens. Von »oben« betrachtet, sieht die Milchstraße aus wie eine Spirale, von der Seite dagegen wie eine Scheibe. Von einem Ende der Galaxie zum anderen braucht das Licht etwa 100 000 Jahre.

Alle anderen Galaxien im Weltall bewegen sich von uns weg, denn das All breitet sich immer weiter aus. Unsere nächste Nachbar-Galaxie ist der Andromedanebel. Wissenschaftler schätzen, daß es über 100 Millionen Galaxien im Weltall gibt.

Die Erde

Sie ist nicht ganz kugelförmig, sondern an den Polen leicht abgeplattet. Der Durchmesser am Äquator beträgt 12 756 km, der Polardurchmesser dagegen nur 12 715 km. Die ältesten Steine auf der Erde sind über vier Milliarden Jahre alt, die ältesten Fossilien etwa zwei Milliarden Jahre alt.

Der Mond

Wenn von einer Sonnenfinsternis die Rede ist, verdunkelt der Mond den Tag, und Dunkelheit senkt sich über die Erde. Wenn der Mond zwischen Erde und Sonne tritt, kommt es zu einer Sonnenfinsternis.

Sonne und Mond sehen am Himmel zwar ungefähr gleich groß aus, doch in Wahrheit ist der Mond wesentlich kleiner als die Sonne. Nur weil die Sonne so weit von der Erde entfernt ist, erscheint sie uns so klein.

Der Mond wandert um die Erde. Dabei fällt das Sonnenlicht in verschiedenen Winkeln auf den Mond: Deshalb sehen wir den Mond mal als Sichel, dann als Halb- oder Vollmond, entweder zu- oder abnehmend. Dabei blicken wir von der Erde aus immer auf dieselbe Seite des Mondes.

Eine Mondfinsternis entsteht, wenn bei Vollmond die Erde zwischen dem Mond und der Sonne steht. Der Mond wandert quasi durch den Schatten der Erde. Eine Mondfinsternis kann bis zu dreieinhalb Stunden dauern.

Der italienische Mathematiker und Astronom Galileo Galilei (1564–1642) sah auf dem Mond Landschaften, die ihn an Ozeane erinnerten. Damals sprach man von Mare (lateinisch für Meer) für bestimmte Strukturen auf dem Mond. Galileo erkannte auch Landschaften mit Bergen und tiefen Tälern. Was er nicht wußte: Diese Krater sind durch Meteoriteneinschläge entstanden.

Der Mond hat keine Atmosphäre und kann deshalb keine Wärme speichern. Nachts liegen die Temperaturen auf dem Mond bei minus 163 Grad, tagsüber bei plus 117 Grad.

Der Mond ist für Ebbe und Flut auf der Erde verantwortlich. Das Wasser steigt und fällt im Rhythmus von zwölf Stunden und 24 Minuten. Dieser Prozeß hängt mit der Anziehungskraft des Mondes und der Fliehkraft der Erde zusammen.

Die Planeten

Sie bewegen sich auf einer eigenen Bahn um die Sonne. In unserem Sonnensystem ist die Erde der einzige Planet, auf dem sich Leben entwickelt hat. Der Mars ist zu kalt und zu trocken, die Venus zu heiß. Der größte Planet im Sonnensystem ist Jupiter. Er ist etwa zehnmal so groß wie die Erde. Es gibt erdähnliche Planeten mit felsigem, festem Untergrund und gasförmige Planeten. Die erdähnlichen heißen Merkur, Venus und Mars. Jupiter, Saturn, Uranus und Neptun sind Gas-Planeten, die wie aufgeblasene Ballons ihre Bahnen ziehen.

Früher wurde noch Pluto zu den Planeten gezählt, doch er hat seinen Planetenstatus verloren und wurde von den Astronomen 2006 zum Zwergplanet degradiert. Wie Pluto gibt es auch Jupiter-Monde (Io und Europa) und Eismonde (Ganymed, Kallisto, Titan und Triton), die ebenfalls erdähnlich aufgebaut sind und nicht als Planeten bezeichnet werden.

Sie schweben wie Ballons im All: Gas-Planeten

Jupiter ist der größte Planet in unserem Sonnensystem. Er hat eine Atmosphäre aus Wasserstoff, Helium und in geringeren Anteilen Methan, Äthan, Acetylen, Phosphor und Schwefelverbindungen. Sein Durchmesser beträgt rund 143 000 km. Berühmt ist sein großer roter Fleck. Das ist ein gewaltiger Wirbelsturm, der um den Äquator tobt. Jupiter hat wie der Saturn ein beeindruckendes Ringsystem, das 1979 von der Raumsonde Voyager 1 zum ersten Mal fotografiert wurde. Außerdem gibt es mindestens 16 Jupiter-Monde. Jupiter ist so groß, daß er mit bloßem Auge am Nachthimmel zu erkennen ist. Der Planet ist nach dem Gottvater der Römer benannt, der mit dem griechischen Gott Zeus vergleichbar ist.

Saturn ist mit gut 120000 km Durchmesser der zweitgrößte Planet unseres Sonnensystems und berühmt für sein faszinierendes Ringsystem. Seine Atmosphäre besteht zu 90 Prozent aus Wasserstoff und 9 Prozent aus Helium. Er ist ebenfalls von Monden umgeben. Der bekannteste ist Titan. Mit 5150 km Durchmesser kann man Titan mit dem Fernrohr von der Erde aus sehen. Saturn ist in der römischen Mythologie der Gott des Ackerbaus.

Uranus ist mit einem Durchmesser von 51118 km der drittgrößte (uns bekannte) Planet. Er wurde nach dem griechischen Himmelsgott Uranos benannt und besteht zu 80 Prozent aus Wasserstoff, gefolgt von Helium, Ammoniak und Methan. Uranus erscheint als blau-grüne Kugel. Auch er ist von Minimonden (Miranda, Ariel, Umbriel, Titania und Oberon) und einer Vielzahl kleinerer Moonlets umgeben. Ihr Durchmesser liegt zwischen zehn und 1600 km.

Saturn, Uranus und Neptun sind im Vergleich zur Erde riesig.

Wie die Erde aus Gestein

Mars wird auch der Rote Planet genannt. Trotz einer Entfernung von mindestens 55,4 Millionen Kilometern und maximal 399,4 Millionen Kilometern ist er ein direkter Nachbar der Erde und nach dem römischen Kriegsgott benannt. Eisenoxidstaub verleiht ihm seine rote Farbe. Der Planet hat einen Durchmesser von 6794 Kilometern und besitzt eine dünne Atmosphäre aus 95 Prozent Kohlendioxid, 2,7 Prozent Stickstoff, Argon und geringen Anteilen Sauerstoff und Kohlenmonoxid. An den vereisten Polkappen wurde Wasser entdeckt. Der Mensch hat den Mars bereits mit Sonden erkundet (Opportunity, Pathfinder). Der

Mars sieht ein bißchen so aus, als ob jemand einen Stöpsel aus dem Planeten gezogen hat und alles Wasser abgelaufen ist. Es gibt ausgetrocknete »Flußtäler« und »Meere«. Der Rote Planet hat die Phantasie der Menschen seit jeher angeregt: Von grünen Mars-Männchen war die Rede. Ob es dort einst wirklich Lebewesen gegeben hat? Noch kennt niemand die Antwort.

Neptun ist nach dem römischen Gott des Meeres benannt und hat einen Durchmesser von 49 532 Kilometern. Von seinen dreizehn Monden ist Triton der bekannteste.

Merkur ist der kleinste Gesteinsplanet in unserem Sonnensystem. Er hat nur einen Durchmesser von 4878 Kilometern und ist der Sonne am nächsten. Die Temperaturen steigen auf 467 Grad und fallen nachts auf minus 183 Grad. Die Oberfläche von Merkur ist der des Mondes nicht unähnlich. Sie besteht aus porösem Gestein und zahlreichen Kratern. Merkur war in der römischen Mythologie der Götterbote.

Venus hat einen Durchmesser von 12 103 Kilometern und ist nach der römischen Göttin der Liebe benannt. Die Venus wird auch als Morgen- und Abendstern bezeichnet (obwohl Venus kein »Stern« ist! Denn der Planet »leuchtet« nicht selbst; das Licht kommt (wie beim Mond) von der Sonne, da sie von der Erde aus morgens und abends am besten zu sehen ist. Die Venus ist der Erde sehr ähnlich. Sie hat fast den gleichen Durchmesser und eine ähnliche chemische Zusammensetzung. Die Atmosphäre besteht hauptsächlich aus Kohlendioxid.

Pluto ist ein Zwergplanet, der nach dem römischen Gott der Unterwelt benannt wurde. Bis zum Jahre 2006 galt er als der neunte Planet, der am weitesten von der Sonne entfernt ist. Doch dann wurde Pluto von der Internationalen Astronomischen Union (IAU) aus dem illustren Kreis der Planeten verstoßen. Er gilt heute wegen seines geringen Durchmessers von nur 2390 Kilometern als Kleinplanet mit der Nummer 134340. Pluto besteht zu 70 Prozent aus Gestein und 30 Prozent aus Eis. Seine dünne Atmosphäre besteht aus Stickstoff, Methan und Kohlenmonoxid. Sein Mond Charon ist mit einem Durchmesser von 1207

Kilometern nicht wesentlich kleiner als Pluto. Deshalb sprach man früher auch von »Doppelplaneten«.

Kometen haben durch ihr plötzliches Auftauchen am Himmel früher für Angst und Aufregung gesorgt. Sie galten als Unglücksbringer aus dem All. Dabei handelt es sich lediglich um einen Klumpen aus Eis und Staub. Kometen werden auch als »kosmische Schneebälle« bezeichnet. Kommt ein Komet der Sonne zu nahe, schmilzt ein Teil des Eises, und ein Schweif entsteht.

Sternschnuppen oder Meteoriten sind nichts weiter als Staubteilchen oder winzige Gesteinsbrocken, die aus dem interplanetaren Raum stammen und beim Eintritt in die Erdatmosphäre verglühen. Man spricht von einem *Meteorit*, wenn er nicht verglüht, sondern als Stein auf die Erde fällt. Ein Meteorit besteht häufig aus Eisen-Nickel-Verbindungen und Silikatmineralien.

Asteroiden werden auch als Planetoid, also planetenähnliches Objekt, bezeichnet. Sie sind nicht kreisrund, sondern sehen einer Kartoffel ziemlich ähnlich. Ein Asteroideneinschlag auf der Erde kann schlimme Folgen haben. So soll die Vernichtung der Dinosaurier auf einen Asteroideneinschlag zurückgehen. Im All schwirren viele Millionen Asteroiden herum, gut 338 000 sind bekannt. Die meisten bewegen sich innerhalb der Umlaufbahn von Mars und Jupiter und sind Teil des Asteroiden-Gürtels. Es gibt kleine Planetoide und große mit einem Durchmesser von über 100 Kilometern. Je größer sie sind, um so gefährlicher können Asteroiden der Erde werden.

Die weite Welt – ein Überblick

Heute ist es schon für viele Jungen und Mädchen selbstverständlich, daß sie mit ihren Eltern auch Urlaubsreisen in weit entfernte Länder unternehmen, daß Kinder im Rahmen eines Schüleraustausches fremde Länder besuchen oder daß sie gar für ein halbes oder ein ganzes Jahr in den USA, in Australien oder anderswo weiterführende Schulen besuchen. Andere Länder oder gar Kontinente zu bereisen ist also für viele Opas von morgen heute ganz selbstverständlich.

In früheren Zeiten war dies viel komplizierter. So gab es erst ab Mitte des 20. Jahrhunderts Fernsehapparate, und die konnten sich nur wenige Leute leisten. Und so kam so mancher Junge vor allem durch Bücher wie *Lederstrumpf* von John F. Cooper oder durch Karl-May-Bücher wie *Winnetou, Durch das wilde Kurdistan* und andere mit fremden Ländern und Erdteilen in Kontakt. Auch Schulbücher, die zwar das eine oder andere vermittelten, waren längst nicht so interessant ausgestattet wie heute. Kein Wunder, daß mancher Opa Fernweh hatte und daß dies in manchen Zeiten auch schändlich mißbraucht wurde. Denn so mancher junge Mann zog im Ersten und Zweiten Weltkrieg sogar freiwillig in die Ferne, weil es die einzige Möglichkeit war, mal von zu Hause wegzukommen, und viele sich keine Vorstellung davon machten (Fernsehbilder gab es ja nicht und in den Wochenschauen wurden nur verklärende Aufnahmen gezeigt), welchen Schrecken des Krieges auf sie zukommen würden.

Heute ist dies zum Glück anders, und es gibt vielfache Möglichkeiten, uns über andere Länder und Kontinente zu informieren. Erschreckend ist, daß trotz aller Möglichkeiten in Zeitungen, Zeitschriften, Büchern, im Fernsehen, im Rundfunk und im Internet viele Kinder und Jugendliche nur wenig geographische Kenntnisse haben. So mancher Opa von heute denkt sich: »Hätte ich doch diese Möglichkeiten gehabt, wie sie die jungen Leute heute haben, ich hätte alle Chancen genutzt!«

Die sechs Kontinente

- *Europa* ist 10,5 Millionen Quadratkilometer groß und hat 732 Millionen Einwohner.
- *Asien* ist mit 44,4 Millionen Quadratkilometern die größte zusammenhängende Landmasse. Dort leben mit knapp vier Milliarden Menschen auch die meisten Einwohner.
- *Afrika* ist mit 30,3 Millionen Quadratkilometern der zweitgrößte Kontinent und hat etwa 925 Millionen Menschen.
- *Amerika mit Nord- und Südamerika:*
- *Nordamerika* hat 24,8 Millionen Quadratkilometer Land und etwa 520 Millionen Einwohner.

- *Südamerika* ist mit 17,8 Millionen Quadratkilometern Land kleiner als Nordamerika und hat 378 Millionen Einwohner.
- *Australien/Ozeanien* sind etwa 8,5 Millionen Quadratmeter groß, dort leben jedoch nur 20 Millionen Menschen.
- Die *Antarktis* ist 13,2 Millionen Quadratkilometer groß, hat aber nur 4000 Einwohner. Sie alle können nicht dauerhaft dort leben.

Woher kommen die Namen der Kontinente?

- *Europa:* Der Name stammt aus der griechischen Mythologie. Dort war »Europa« eine Jungfrau, die von Zeus in einen Stier verwandelt und entführt wurde. Eine andere Erklärung leitet sich aus dem griechischen Wort für »dunkel« (Erebos) ab, was für »Abendland« steht.
- *Asien:* Das Volk der Assyrer sprach vom Land, wo die Sonne aufgeht: »Im Osten«, und Osten heißt »Assu«. Daraus wurde später Asien.
- *Afrika:* Die Römer tauften den Kontinent nach dem Stamm der »Afri«, die damals um Karthago herum lebten, einfach Afrika. Damals war damit allerdings nur der Norden des gigantischen Kontinents gemeint.
- *Amerika:* Der Weltumsegler Amerigo Vespucci war Namensgeber für den Doppelkontinent, ohne daß er es wußte. Er segelte nach Christoph Kolumbus die amerikanische Ostküste entlang. Weil ein Kartograph namens Waldseemüller meinte, Amerigo Vespucci hätte das neue Land in Übersee entdeckt, trug er in seiner Karte den Namen Amerika ein, wodurch der Kontinent seine Bezeichnung erhielt.
- *Australien:* Es bedeutet »Südland« (Terra Australis), das die alten Seefahrer immer »dort unten« im Süden vermutet haben.
- *Antarktika:* Das Wort bedeutet »der Arktis gegenüber«. Der Südpol der Erde liegt dem Nordpol (der Arktis) gegenüber.

Es gibt auch Experten, die von nur fünf Kontinenten reden. Fünf Kontinente ergeben sich, wenn man Europa und Asien als »Eurasien« betrachtet oder wenn man die Antarktis nicht als Kontinent sieht. Das Wort »Kontinent« kommt aus dem Lateinischen und bedeutet »Zusammenhängendes« (continens). Früher sprach man von terra continens, also vom zusammenhängenden Land. Alle Kontinente machen nur 29 Prozent der Erdoberfläche aus – der gigantische Rest ist Wasser.

Fünf Ozeane oder sieben Weltmeere?

71 Prozent der Erde sind von Meeren bedeckt. Es gibt fünf Ozeane: das Nordpolarmeer, den Atlantik, den Indischen Ozean, den Pazifik (der auch Stiller Ozean genannt wird) und das Südpolarmeer. Früher sprach man von den sieben Weltmeeren: Dazu gehörten die Nordsee, das Mittelmeer, das Gelbe Meer, das Karibische Meer, Indischer Ozean, Atlantik und Pazifik.

Seen und Flüsse

Die bedeutendsten Seen Deutschlands, Österreichs und der Schweiz

- Genfer See (Schweiz, Frankreich): 581 km²
- Bodensee (Deutschland, Österreich, Schweiz): 539 km²
- Neusiedler See (Österreich): ca. 300 km²
- Müritz (Deutschland): 117 km²
- Vierwaldstätter See (Schweiz): 115 km²
- Chiemsee (Deutschland): 79,9 km²
- Großer Plöner See (Deutschland): 30 km²
- Steinhuder Meer (Deutschland): 29 km²
- Wörther See (Österreich): 19 km²

Die größten Seen der Erde

- Kaspisches Meer (Osteuropa/Westasien): 386 400²
- Oberer See (Nordamerika): 82 414 km²
- Victoriasee (Afrika): 68 000 km²
- Aralsee (Rußland): einst rund 64 000 km²; durch Wasserentnahme erheblich geschrumpft
- Huronsee (Nordamerika): 59 595 km²

- Michigansee (USA): 58 016 km²
- Tanganjikasee (Afrika): 33 000 km²
- Baikalsee (Russland): 31 500 km²

Bedeutende Flüsse in Deutschland, Österreich und der Schweiz

- Donau (Deutschland, Österreich, Slowakei, Ungarn, Kroatien, Serbien, Rumänien, Bulgarien, Moldawien, Ukraine): 2845 km
- Rhein (Schweiz, Liechtenstein, Österreich, Deutschland, Frankreich, Niederlande): 1250 km
- Elbe (Tschechien, Deutschland): 1101 km
- Oder (Deutschland, Polen): 860 km
- Mosel (Frankreich, Luxemburg, Deutschland): 544 km
- Inn (Schweiz, Österreich): 510 km

Die längsten Flüsse der Erde

- Nil (Afrika): 6700 km
- Amazonas (Südamerika): 6520 km
- Mississippi/Missouri (USA): 6215 km
- Jangtsekiang (Tibet, China): 5980 km
- Hwangho (Tibet, China): 4845 km
- Kongo (Afrika): 4700 km
- Mackenzie (Nordamerika): 4600 km
- Amur (China, Russland): 4440 km
- Ob (Russland): 4345 km
- Mekong (Tibet, China, Vietnam, Kambodscha): 4200 km
- Niger (Afrika): 4200 km
- Wolga (Russland): 3690 km
- Jenissei (Russland): 3354 km
- Ganges (Indien, Bangladesch): 3090 km
- Rio Grande (Südamerika): 3060 km
- Brahmaputra (China, Indien, Bangladesch): 2900 km
- Donau (Europa): 2845 km
- *zum Vergleich:* Rhein: 1324 km

Volkshelden und Idole

Zu den modernen Volkshelden gehörte für unseren Urgroßvater der Boxweltmeister Max Schmeling. Er wurde 1905 in Pommern geboren und starb 2005 in der Nähe von Hamburg. Mit 19 Jahren wurde der deutsche Schwergewichtler Profiboxer. Es zog ihn nach New York, denn dort war damals das Mekka des Boxsports. Hier wurde Schmeling zur Legende, als er Joe Louis, der auch »brauner Bomber« genannt wurde, 1936 in der zwölften Runde besiegte. Auf der anderen Seite des »großen Teiches« saß ein kleiner Junge vor einem quäkenden »Rundfunkempfänger«: Urgroßvater lauschte andächtig der aufgeregten Stimme des Reporters. Später gab er sein ganzes Taschengeld fürs Kino aus, wo *Max Schmelings Sieg* lief.

Urgroßvater übertrug die Schmeling-Manie auf Großvater und der wieder auf seinen Sohn. Max Schmeling war für viele Männer ein Held: ein Volksheld mit Fäusten. Opa sagte immer: »Alle Menschen können von unserem Boxweltmeister lernen: Sein Feind im Ring wurde sein Freund im Leben.«

Für Joe Louis hat Schmeling später sogar Schulden gezahlt. Der Volksheld im Ring gewann 56 Kämpfe, davon 40 mit k. o. Er war seiner geliebten Frau Anny Ondra treu bis in den Tod, und als er starb, standen die ganz Großen des Boxsports an seinem Grab. Natürlich hatte der Volksheld mit den Fäusten auch ein großes Herz. Stets dachte er an die Armen und Bedürftigen. Schmeling rief eine karitative Stiftung ins Leben, die seinen Namen trägt, und engagierte sich sein Leben lang für wohltätige Zwecke. Ein starker Volksheld – in jeder Beziehung!

Ja, solche Vorbilder, die über die Bekanntheit anderer Leute hinausragen und die manchmal sogar zu Lebzeiten fast schon einen mythischen Ruf genießen, hat es immer wieder gegeben.

Oft sind es auch die zeitlichen Umstände, die ihre jeweiligen Volkshelden hervorbringen, so etwa Fritz Walter (1920 bis 2002), Spielführer der deutschen Nationalmannschaft, die 1954 mit dem Gewinn der Fußballweltmeisterschaft dem kriegs- und nachkriegsgebeutelten Deutschland ein neues Selbstwertgefühl gab. Oder in ganz anderer Weise der sagenumwobene Schweizer Volksheld Wilhelm Tell, dem Friedrich Schiller ein eigenes Drama gewidmet hat. Oft ist dann nicht mehr unterscheidbar, was sich nun wirklich in der Geschichte zugetragen hat oder was durch Sagen verklärt, interpretiert oder ergänzt wurde. Auch der Tiroler Andreas Hofer gehört zu den schon sagenhaften Volkshelden.

Wilhelm Tell (13.–14. Jahrhundert) ist der edelste unter den Volkshelden. Wer den Schweizer Freiheitskämpfer auf den goldenen Schuß mit der Armbrust auf den Apfel reduziert, tut ihm unrecht. Der Legende nach wurde Tell vom Landvogt Gessler zu Altdorf gezwungen, seinem Sohn Walter den Apfel vom Kopf zu schießen. Der Nationalheld verfehlte den Apfel nicht, doch er nahm Rache an dem Tyrannen. Als Gessler »durch die hohle Gasse« kam, hat Tell ihn niedergestreckt. Friedrich Schiller setzte Wilhelm Tell mit einem Drama gleichen Namens ein Denkmal.

Klaus Störtebeker (um 1360–1401) ist der tragische Volksheld des hohen Nordens. Er trieb als Seeräuber und »Kapitän« sein Unwesen und endete mit dem Kopf unterm Henkersschwert. Ohne Kopf ist der wilde Mann dann angeblich noch an elf lebenden Seeräuberkameraden vorbeigelaufen, um ihnen das Leben zu retten. Vor seiner Hinrichtung hatte Störtebeker nämlich verlangt, daß die Gefährten freigelassen werden, die er ohne Kopf im Lauf passiert. Der Bürgermeister von Hamburg soll angeblich sein Versprechen gebrochen haben. Er ließ alle 73 Seeräuber enthaupten.

Störtebeker war in Wahrheit ein übler Gesell: Er überfiel die Handelsschiffe der Hanse, tötete die Mannschaft und raubte die Ladung. Doch dem Volk gefiel, daß Klaus Störtebeker sich gegen die reichen Hamburger Kaufleute, die vom Volk verächtlich »Pfeffersäcke« genannt wurden, auflehnte. Sie waren durch den Gewürzhandel reich geworden, während die einfachen Leute darben mußten. Der Name »Störtebeker« bedeutet übrigens »stürzt den Becher«. Der Pirat war nämlich auch für seine Trinkfestigkeit bekannt.

Robin Hood ist das Paradebeispiel für einen typischen Volkshelden: Er hat die Reichen beraubt und ihre Schätze dann unter den Armen verteilt. So die Legende. Ob der Bogenschütze im ledernen Wams wirklich in den Wäldern von Sherwood Forest sein Unwesen trieb und sich mit dem bösen Sheriff von Nottingham angelegt hat, weiß niemand genau. Seine Existenz ist historisch nicht nachgewiesen. Und so geistert der böse Gute durch die Geschichte. Seine Taten tauchten erstmals im 16. Jahrhundert in Balladen auf. Heute gibt es Filme und Fernsehserien, Theaterstücke und Romane über den englischen Volkshelden, der sogar von Otto Waalkes (»Robin Hood, der Beschützer der Witwen und Waisen«) parodiert wurde und damit Einzug in die moderne Welt des Comedy hielt. Der Volksheld Hood wurde von der damaligen Staatsgewalt »geächtet« und war damit juristisch gesehen nichts weiter als ein Räuber. Im Kreise aller räuberischen Volkshelden ist Robin Hood jedoch der König der Geächteten. Doch auch in Deutschland, speziell im Süden des Landes, kann man mit räuberischen Volkshelden aufwarten. Nur mit dem Unterschied, daß diese Helden wahrhaftig existierten und meist ein unrühmliches Ende fanden.

Matthias Klostermayr (1736–1771): Er lebte im schwäbisch-bayrischen Grenzgebiet und begann seine Räuberkarriere als Wilderer. Später wurde er zum Anführer einer 30köpfigen Räuberbande. Nach heftigem Feuergefecht mit den Soldaten seiner Gegner wurde er gestellt und dann in Dillingen hingerichtet. Für die arme Landbevölkerung war Klostermayr ein Held. Er soll in Amtsstuben Steuergelder erpreßt haben, die er dann an Bedürftige verteilt hat. Vielleicht war er auch nur deshalb bei den einfachen Leuten so beliebt, weil er sich der Obrigkeit widersetzt hat. Er gilt in Bayern noch heute als Symbol des Widerstandes. Im Schwäbischen ist Klostermayr unter dem Namen »Bayrischer Hiasl« bekannt. Als Wilderer schoß er ab, was ihm vor die Flinte kam. Obendrein wurde Klostermayr und seinen Gefährten Landfriedensbruch zur Last gelegt. Auch Überfälle auf Jäger gehen auf sein Konto. Doch das einfache Volk hielt zu seinem Helden, versteckte ihn vor den Häschern und warnte ihn vor Angreifern. Bis der Hiasl an der Donaubrücke in Dillingen ein unrühmliches Ende nahm: Deutschlands berühmtester Wildschütz wurde aufs Rad gespannt und geviertelt.

Andreas Hofer (1767–1810): Mit ihm verbinden viele nicht nur den Kampf um Freiheit, sondern auch das Ideal der freien Bergwelt. Andreas Hofer war Besitzer des Gasthauses »Am Sand« bei St. Leonhard in Passeier Tal; man nannte ihn auch den »Sandwirt«. 1809 und 1810 war er Anführer und in dieser Funktion Oberkommandant des Tiroler Aufstandes gegen Bayern und Franzosen. Zeitweilig war er Regent von Tirol und besiegte Bayern und Franzosen dreimal am Bergisel, womit er Innsbruck befreite. Doch später geriet er in Gefangenschaft und wurde auf Befehl von Napoleon am 20. Februar 1810 in Mantua erschossen.

Georg Jennerwein (1848–1877) wurde auch Girgl genannt. Er machte als bayrischer Wilderer eine Volksheldenkarriere und fand bei der Jagd sein blutiges Ende. Ein Freund soll ihm in den Rücken geschossen haben. Das Tatmotiv war Eifersucht, denn beide liebten dieselbe Frau, die Jennerwein geschwängert hatte. Sein Grab ist in Schliersee. Im Jennerwein-Lied ist die Lebensgeschichte des populären Wilderers verewigt.

Matthias Kneißl (1875–1902): Auch er war ein bayrischer Räuber, der, zum Tode verurteilt, unter der Guillotine endete. Er lebt in Liedern und Spottgedichten fort. Kneißl war längst nicht so berühmt wie Klostermayr, doch auch er wurde vom Volk verehrt, weil er mit seinem räuberischen Leben gegen die Obrigkeit aufbegehrte.

Neuzeitliche Idole

Neben den Volkshelden, die ganze Generationen zu faszinieren vermochten, gab und gibt es auch immer Idole, die für einen bestimmten Zeitgeist, bestimmte Ereignisse oder Epochen stehen. Eine willkürliche Auswahl:

Lale Andersen
The Beatles
Franz Beckenbauer
Boris Becker
James Dean
Elvis Presley
Michael Schumacher

Dichter und Denker

Manche Großväter verehrten Goethe wie einen Gott. Das Universalgenie, das die Weltliteratur bis heute bestimmt, hat vielen uneingeschränkten Respekt abverlangt. »Ein Genie wie Goethe gibt es nie wieder«, pflegt mancher Opa zu sagen. Dichter und Naturwissenschaftler, Jurist und Staatsmann, obendrein wohl begnadeter Liebhaber. Da waren das Käthchen, Charlotte (von Stein), Susanne (von Klettenberg), Henriette (von Lüttwitz) und Christiane Vulpius, die Mutter seiner Kinder. Goethe kannte Napoleon, traf Friedrich Schiller, war Theaterchef und Minister in Weimar und verkehrte in den edelsten Kreisen seiner Zeit.

Großvater mag das Genie Goethe bewundert haben, doch sein Herz hing an zwei anderen großen Schriftstellern: Wolfgang Borchert und Joachim Ringelnatz. Borchert war wie Großvater im Krieg und brachte seelische Verwundungen mit heim. »Ihr müßt *Draußen vor der Tür* und *Nachts schlafen die Ratten doch* unbedingt lesen, damit ihr den Krieg und seine grausamen Folgen versteht«, hat Opa uns aufgetragen. Niemand hat die Traumatisierung durch Krieg und Zerstörung so präzise und eindringlich niedergeschrieben wie Borchert. Großvater sagte immer wieder: »Einer wie Borchert, der starb viel zu früh.« Er hat seine ganze Schaffenskraft und Kriegskritik in wenigen Werken verwirklicht.

Auch Joachim Ringelnatz war eine tragische Gestalt der deutschen Literatur, doch ganz anders als Borchert hat Ringelnatz allem eine humoristische Seite abgewinnen können. Vielleicht mochte Großvater an Ringelnatz, daß er so unvollkommen war. Sein Äußeres hat Ringelnatz zeitlebens Probleme bereitet: Er hatte eine lange Nase, ein spitzes Kinn und für einen Mann war er zu klein. Schon in der Schule wurde Ringelnatz gehänselt. Sicher waren all die Demütigungen mit ein Grund für seine Abenteuerlust: Er fuhr zur See, trat als Kabarettist in der Künstlerkneipe Simplicissimus in München auf und ließ sich sein Honorar in Bier auszahlen. Anders als Borchert schwärmte Ringelnatz zunächst vom Krieg – bis er mit Kälte und Hunger in den Nachkriegsjahren eines Besseren belehrt wurde. Als die Nazis an die Macht kamen, wurden seine Bücher verbrannt.

Großvater, der selbst eher bieder und brav lebte, bewunderte das illustre Leben der Schriftsteller mit all ihrem Seelenleid. Nun hatte und hat jeder Opa »seine« Lieblingsdichter, -denker und -literatinnen. So wie sich die Zeiten ändern, ändert sich auch die »Fangemeinde«. Und die ist in jedem Zeitabschnitt der Literaturgeschichte anders zusammengesetzt. Doch manche Namen und ihre Werke überdauern. Hier die wichtigsten Persönlichkeiten des Literaturschaffens zwischen 1749 und 2008:

Heinrich Böll wurde am 21. Dezember 1917 in Köln geboren und ist am 16. Juli 1985 in Kreuzau-Langenbroich gestorben. Wichtige Werke: *Die verlorene Ehre der Katharina Blum, Haus ohne Hüter, Das Brot der frühen Jahre, Ende einer Dienstfahrt.*

Wolfgang Borchert wurde am 20. Mai 1921 in Hamburg geboren und starb am 20. November 1947 in Basel. Er ist bekannt für seine Kriegs- und Trümmerliteratur. Wichtige Werke: *Draußen vor der Tür, Nachts schlafen die Ratten doch.*

Bertolt Brecht wurde am 10. Februar 1898 in Augsburg geboren und starb am 14. August 1956 in Berlin. Er ist Begründer des Epischen Theaters. Wichtige Werke: *Baal, Die Dreigroschen-*

oper, *Aufstieg und Fall der Stadt Mahagonny, Mutter Courage und ihre Kinder, Der kaukasische Kreidekreis.*

Wilhelm Busch wurde am 15. April 1832 in Wiedensahl geboren und starb am 9. Januar 1908 in Mechtshausen. Seine satirischen Bildergeschichten haben ihn berühmt gemacht. Wichtiges Werk: *Max und Moritz.*

Annette von Droste-Hülshoff wurde im Januar 1797 auf Burg Hülshoff im Kreis Coesfeld geboren und starb am 24. Mai 1848 am Bodensee. Sie zählt zu den bedeutendsten deutschen Dichterinnen. Wichtige Werke: *Der Knabe im Moor, Die Judenbuche.*

Friedrich Dürrenmatt wurde am 5. Januar 1921 in Konolfingen geboren und starb am 14. Dezember 1990 in Neuenburg. Der Schweizer war ein bedeutender Dramatiker. Wichtige Werke: *Der Besuch einer alten Dame, Der Richter und sein Henker, Grieche sucht Griechin, Es geschah am hellichten Tag.*

Joseph von Eichendorff wurde am 10. März 1788 auf Schloß Lubowitz in Oberschlesien geboren und starb am 26. November 1857 in Neisse. Er war ein bedeutender Lyriker der deutschen Romantik. Wichtige Werke: *In einem kühlen Grunde* (Gedicht), *Viel Lärm um nichts* (Roman).

Max Frisch wurde am 15. Mai 1911 in Zürich geboren und starb am 4. April 1991. Der Schweizer zählt zu den bedeutendsten Schriftstellern der Nachkriegszeit. Wichtige Werke: *Stiller, Homo faber, Mein Name sei Gantenbein, Blaubart.*

Johann Wolfgang von Goethe wurde am 28. August 1749 in Frankfurt am Main geboren und ist am 22. März 1832 in Weimar gestorben. Goethe gilt als Allroundgenie. Er war ein begnadeter Dichter, der Weltliteratur geschrieben hat, aber auch Naturwissenschaftler und Staatsmann und Vertreter der Weimarer Klassik. Er schrieb Gedichte, Dramen und naturwissenschaftliche Texte. Wichtige Werke: Dramen wie *Faust, Götz von Berlichingen mit der eisernen Hand, Egmont, Iphigenie auf Tau-*

ris, Pandora und Mahomet sowie Romane wie *Die Leiden des jungen Werthers, Wahlverwandtschaften* und Balladen wie *Der Erlkönig.*

Günter Grass ist am 16. Oktober 1927 in Danzig geboren. Er ist nicht nur Schriftsteller, sondern auch Bildhauer und Maler. Er zählt zu den bedeutendsten Autoren der Gegenwart. Wichtige Werke: *Die Blechtrommel, Katz und Maus, Der Butt, Die Rättin, Im Krebsgang.* 1999 erhielt Grass den Nobelpreis für Literatur.

Heinrich Heine wurde am 13. Dezember 1797 in Düsseldorf geboren und starb am 17. Februar 1856 in Paris. Wichtige Werke: *Die Loreley, Atta Troll, Deutschland. Ein Wintermärchen.*

Hermann Hesse wurde am 2. Juli 1877 in Calw geboren und starb am 9. August 1962 in Montagnola. Wichtige Werke: *Das Glasperlenspiel, Siddhartha, Der Steppenwolf.* Der gebürtige Schwabe und spätere Wahl-Schweizer bekam 1946 den Nobelpreis für Literatur.

Georg Heym wurde am 30. Oktober 1887 in Schlesien geboren und starb am 16. Januar 1912 in Berlin. Wichtige Werke: *Spartacus, Prinz Louis Ferdinand.*

Hugo von Hofmannsthal wurde am 1. Februar 1874 in Wien geboren und ist am 15. Juli 1929 in Rodaun gestorben. Der österreichische Schriftsteller hat mit dem Komponisten Richard Strauss zusammengearbeitet und gilt als Mitbegründer der Salzburger Festspiele. Wichtige Werke: *Elektra, Der Rosenkavalier* (Libretti), *Jedermann, Der Turm* (Drama).

Ricarda Huch wurde am 18. Juli 1864 in Braunschweig geboren und ist am 17. November 1947 im Taunus gestorben. Sie war Dichterin und Historikerin. Wichtige Werke: *Der Bundesschwur, Die Geschichten von Garibaldi.*

Erich Kästner wurde am 23. Februar 1899 in Dresden geboren und ist am 29. Juni 1974 in München gestorben. Er ist bekannt für seine Kinderbücher. Wichtige Werke: *Pünktchen und Anton,*

Das fliegende Klassenzimmer, Drei Männer im Schnee, Das doppelte Lottchen.

Franz Kafka wurde am 3. Juli 1883 in Prag, das damals zu Österreich-Ungarn gehörte, geboren. Er starb am 3. Juni 1924 in Kierling bei Klosterneuburg. Seine Werke übten bleibenden Einfluß auf die Weltliteratur aus und wurden zum Teil erst nach seinem Tod veröffentlicht. Hauptwerke sind: *Der Prozeß, Das Urteil, Die Verwandlung.*

Marie Luise Kaschnitz wurde am 31. Januar 1901 in Karlsruhe geboren und ist am 10. Oktober 1974 in Rom gestorben. Wichtige Werke: *Menschen und Dinge, Engelsbrücke.*

Heinrich von Kleist wurde am 18. Oktober 1777 in Frankfurt (Oder) geboren und ist am 21. November 1811 in Berlin gestorben. Wichtige Werke: *Michael Kohlhaas, Die Hermannschlacht, Das Käthchen von Heilbronn.*

Else Lasker-Schüler wurde am 11. Februar 1869 in Wuppertal geboren und starb am 22. Januar 1945 in Jerusalem. Wichtige Werke: *Hebräische Balladen, Mein blaues Klavier, Styx.*

Siegfried Lenz wurde am 17. März 1926 in Ostpreußen geboren. Er zählt zu den bekanntesten deutschsprachigen Schriftstellern. Wichtige Werke: *So zärtlich war Suleyken, Der Mann im Strom, Brot und Spiele, Das Feuerschiff, Die Deutschstunde, Die Auflehnung.*

Thomas Mann wurde am 6. Juni 1875 in Lübeck geboren und ist am 12. August 1955 in Zürich gestorben. Sein ältester Bruder Heinrich und seine Kinder Golo, Klaus und Erika waren ebenfalls bedeutende Schriftsteller. Wichtige Werke: *Buddenbrooks – Verfall einer Familie, Der Zauberberg, Doktor Faustus, Bekenntnisse des Hochstaplers Felix Krull.* 1929 erhielt Mann den Nobelpreis für Literatur.

Conrad Ferdinand Meyer wurde am 11. Oktober 1825 in Zürich geboren und starb am 28. November 1898 in Kilchberg.

Der Schweizer Dichter ist berühmt für historische Novellen. Wichtige Werke: *Huttens letzte Tage, Der Heilige, Die Füße im Feuer.*

Eduard Mörike wurde am 8. September 1804 in Ludwigsburg geboren und ist am 4. Juni 1875 in Stuttgart gestorben. Mörike war Lyriker der Schwäbischen Schule. Wichtigste Werke: *Mozart auf der Reise nach Prag* (Novelle), *Er ist's* (Gedicht).

Rainer Maria Rilke ist am 4. Dezember 1875 in Prag geboren und am 29. Dezember 1926 in Montreux gestorben. Rilke war Österreicher und zählt zu den bedeutendsten Lyrikern deutscher Sprache. Wichtige Gedichte: *Der Panther, Das Karussell.*

Joachim Ringelnatz wurde am 7. August 1883 bei Leipzig geboren und starb am 17. November 1934 in Berlin. Wichtige Werke: *Kuddel Daddeldu, Die Woge.*

Friedrich Schiller wurde am 10. November 1759 in Marbach am Neckar geboren und ist am 9. Mai 1805 in Weimar gestorben. Schiller zählt neben Goethe zu den bedeutendsten deutschen Dichtern und Dramatikern. Wichtige Werke: *Die Räuber, Don Carlos, Wilhelm Tell, Die Jungfrau von Orleans, Wallenstein, Kabale und Liebe.*

Theodor Storm wurde am 14. September 1817 in Husum geboren und ist am 4. Juli 1888 in Hanerau-Hademarschen gestorben. Storm ist bekannt für Novellen und Gedichte mit norddeutschem Schwerpunkt. Wichtige Werke: *Am grauen Strand, am grauen Meer, Immensee, Pole Poppenspäler, Der Schimmelreiter.*

Kurt Tucholsky ist am 9. Januar 1890 in Berlin geboren und am 21. Dezember 1935 in Göteborg gestorben. Tucholsky zählt zu den wichtigen Journalisten der Weimarer Republik. Wichtige Werke: *Schloß Gripsholm. Eine Sommergeschichte, Lerne lachen, ohne zu weinen.*

Martin Walser ist am 24. März 1927 in Wasserburg geboren. Wichtige Werke: *Der Sturz, Das Einhorn, Tod eines Kritikers.*

Stefan Zweig wurde am 28. November 1881 in Wien geboren und ist am 23. Februar 1942 in Brasilien gestorben. Er war ein bedeutender österreichischer Schriftsteller. Wichtige Werke: *Schachnovelle, Ungeduld des Herzens.*

Opas beliebteste Kinder- und Jugendbücher

Die Abenteuer des Tom Sawyer
Der Roman von Mark Twain (1835–1910) erschien 1876 und ist einer der Klassiker der Jugendbuch-Literatur. In dem Band erlebt der junge Waisenknabe Tom Sawyer zusammen mit seinem Freund Huckleberry Finn (der Folgeband heißt *Huckleberry Finns Abenteuer)* verschiedene Abenteuer in »St. Petersburg«, einer kleinen Stadt am Ufer des Mississippi. Zufällig beobachten sie auf einem Friedhof einen Mord. Der Bandit Indianer-Joe will die Tat Muff Potter in die Schuhe schieben. Nach allerlei Abenteuern und einigen Tagen auf der Jackson-Insel, wo beide ein Leben als Pirat führen wollen, entlastet Tom in einer Gerichtsverhandlung Muff Potter. Unterdessen flieht Indianer-Joe während der Gerichtsverhandlung aus dem Fenster. Mit ihm gibt es weitere Begegnungen, als Tom und Huckleberry Finn einem Schatz auf der Spur sind. Mit seiner Freundin Becky Thatcher verirrt sich Tom in einer Höhle, wo er wieder auf Indianer-Joe trifft. Doch Tom findet einen zweiten Ausgang; als die beiden nach Hause kommen, wird der einzige bekannte Eingang zur Höhle verschlossen, Indianer-Joe stirbt in der Höhle. Später kehren Tom Sawyer und Huckleberry Finn in die Höhle zurück, wo sie auch den Schatz entdecken.

Emil und die Detektive
Der Roman von Erich Kästner (1899–1974) erschien 1929. Das Buch beschreibt die Erlebnisse und Abenteuer des zwölfjährigen Jungen Emil Tischbein, welcher bei einer Reise von Dresden-Neustadt zu Verwandten in Berlin in einer Eisenbahn bestohlen wird. Der Dieb – welcher sich als Herr Grundeis vorstellte – wird von Emil verfolgt, damit er seine 140 Mark zurückerhält, die für seine Großmutter bestimmt sind. Andere Kinder – welche

zu Freunden werden – und Emils Kusine Pony Hütchen kommen zu Hilfe. In einer Gemeinschaftsaktion stellen sie schließlich den Dieb, und weil dieser auch ein gesuchter Bankräuber war, erhält Emil eine Belohnung.

Von Erich Kästner stammt auch das ebenfalls beliebte Jugendbuch *Das fliegende Klassenzimmer* (erstmals publiziert 1933).

Gullivers Reisen

Das Buch wurde 1726 unter Pseudonym vom englischen Schriftsteller, Politiker und Priester Jonathan Swift (1667–1745) publiziert. Der ursprünglich zum »Kinderbuch« abgeänderte Band ist eigentlich pure Satire, mit dem aufgezeigt werden sollte, daß die Menschen keine vernünftigen Geschöpfe, sondern allenfalls zur Vernunft fähige Wesen sind. Für die Zeit der Erstpublikation ist es eine pointierte Gesellschaftskritik, mit der auch die Regierungsformen Europas anfangs des 18. Jahrhunderts kritisiert werden. Der Schiffsarzt und spätere Kapitän L. Gulliver schildert im Buch vier Reisen, welche nach Liliput, ins Land der zwergenhaften Liliputaner, nach Brobdingnag, das Land der Riesen, nach Laputa, Balnibarbi, Glubbdubdrib, Luggnagg und Japan sowie schließlich ins Land der Houyhnhnms, Yahoos führt. Der Text – dies haben viele Kinder nicht gemerkt, als sie das Buch gelesen haben – enthält viele Anspielungen. So entspricht eine fliegende Insel England, und das Löschen eines Brandes durch Anpinkeln des Königshauses ist eine Anspielung auf den aus Deutschland stammenden Regenten Georg I.

Jim Knopf und Lukas der Lokomotivführer

Das Buch von Michael Ende (1929–1995) erschien erstmals 1960 und wurde – ebenso wie die Fortsetzung *Jim Knopf und die Wilde 13* – vielen späteren Opas und Omas in der Jugendzeit durch die Marionetten-Fernsehfilme der Augsburger Puppenkiste bekannt. Die Geschichte spielt auf Lummerland, wo der Postbote eines schönes Tages ein Paket bringt, in dem sich ein schwarzer Junge befindet. Das Waisenkind wird »Jim Knopf« getauft und von der Ladenbesitzerin Frau Waas erzogen. Weil die Insel allmählich zu klein für alle ihre Bewohner wird, verlässt Lukas der Lokomotivführer zusammen mit seinem Freund Jim bei Nacht und Nebel die Insel. Mit der zum Schiff umgebauten Lokomotive »Emma« landen sie nach einer langen Seereise in Ping, der Hauptstadt von China. Dort erfahren sie von Ping Pong, daß die Prinzessin Li Si vermisst wird. Nach zahlreichen Abenteuern im Tal der Dämmerung, in einer Wüste mit dem Namen »Das Ende der Welt« und Begegnungen mit dem freundlichen Scheinriesen Herrn Tur Tur kommen sie in die Region der Schwarzen Felsen und schließlich in das Land der Tausend Vulkane. Der Halbdrache Nepomuk hilft Lukas und Jim in die Drachenstadt Kummerland zu kommen, wo sich die Schule des Drachens Frau Mahlzahn befindet. Von dort war eine Flaschenpost von Li Si eingegangen, in der sie angegeben hatte, daß sie sich in Kummerland befindet. Neben der vermißten Prinzessin befinden sich bei Frau Mahlzahn viele Kinder, welche von der Wilden 13 entführt und an diese verkauft wurden. Jim Knopf und Lukas fangen Frau Mahlzahn ein und befreien die Kinder. Auf dem Gelben Fluß reisen sie unterirdisch durch die Krone der Welt und kehren nach Ping zurück. Dort entdecken sie, daß Emma – die Lokomotive – ein Baby namens Molly bekommen hat. Nun kann Jim auch endlich ein richtiger Lokomotivführer mit einer eigenen Lokomotive sein.

Ähnliche Abenteuer erleben Jim Knopf und Lukas der Lokomotivführer im Band *Jim Knopf und die Wilde 13*.

Lederstrumpf
Der amerikanische Schriftsteller James Fenimore Cooper (1789 bis 1851) schuf mit Lederstrumpf eine Reihe von Romanen, zu der die (deutschen) Buchtitel *Der Hirschtöter, Der Wildtöter, Der Pfadfinder, Der letzte Mohikaner, Die Prärie* gehören. Die Bücher entstanden zwischen 1826 und 1841. Die Handlung schildert die Abenteuer und das Leben des Trappers Nathaniel (Natty) Bumppo – der »Lederstrumpf« genannt wird. Die einzelnen Erzählungen umfassen zusammengenommen einen Handlungsraum von 60 Jahren. Cooper war einer der ersten Schriftsteller der USA, welcher Themen mit historischen Bezügen seines Landes aufgriff. Damit traf er das aufkommende Nationalgefühl seiner Zeit. Zum ersten Mal wurde der nordamerikanische Kontinent als Hintergrund für einen Roman in größerem Stil betrachtet. Auch war es zum ersten Mal, daß die Indianer nicht als »Wilde« dargestellt, sondern realistisch be-

trachtet wurden. Es gab unterschiedliche Spekulationen, ob das Vorbild für den Roman der Pfälzer Johann Adam Hartmann aus Edenkoben gewesen ist oder ob es sich um den berühmten Trapper und Waldläufer Robert Rogers handelt.

Max und Moritz

Die Bubengeschichte in sieben Streichen stammt von Wilhelm Busch (1832–1908) und wurde am 4. April 1865 zum ersten Mal veröffentlicht. Die Bilder der Geschichten erinnern an das Leben der norddeutschen Dörfer, in denen Wilhelm Busch zum Teil sein Leben verbrachte. *Max und Moritz* gilt durch die enge Verzahnung von Text und Bild als Vorläufer der modernen Comics. Max und Moritz treiben allerlei Streiche, unter anderem bringen sie auf listige Weise die Hühner und den Hahn von Witwe Bolte um und stehlen anschließend die gebratenen Hühner. Den Schneidermeister Böck bringen Max und Moritz zu Fall, weil sie eine Brücke ansägen, während Lehrer Lämpel mit Schwarzpulver in der Pfeife nicht nur erschreckt, sondern auch verletzt wird. Im fünften Streich werden Onkel Fritz Maikäfer ins Bett gesteckt, und der sechste Streich geht fast daneben. Als die beiden zum Stehlen in die Backstube eindringen, fallen sie zunächst in eine Mehlkiste und dann in den Kuchenteig. Der Bäcker schiebt die in Teig gehüllten Lausbuben in den Ofen, wo sie doch überleben und sich durch den Teigmantel essen. Doch mit dem siebten Streich ist Schluß; Bauer Mecke setzt den Übeltätern ein Ende und mahlt sie kurzerhand klitzeklein, um sie anschließend von zwei Enten auffressen zu lassen.

Moby Dick

Der Roman von Herman Melville (1819–1891) erschien 1851 in London und New York. Bei diesem Roman geht es um die schicksalhafte Fahrt des Kapitäns Ahab mit seinem Walfangschiff Pequod auf der Jagd nach dem weißen Wal. Die Handlung wird durch den Matrosen Ismael in Ich-Form erzählt. Ismael ist auch der einzige, der am Schluß des Buches die Geschichte überlebt. Diese beschreibt die Suche des Kapitäns Ahab nach dem weißen Pottwal »Moby Dick«, auf den er einen blinden Haß hat, weil ihm dieser ein Bein abgebissen hat. Die Mannschaft der Pequod kommt nicht nur aus allen möglichen gesellschaftlichen

Schichten Nordamerikas, sondern aus vielen Teilen der Welt und ist gemischt national. Unter der Mannschaft, die sich auf das Ziel ihres halbwahnsinnigen Kapitäns einläßt, spielt der Erste Maat Starbuck – ein sehr erfahrener Matrose – den teilweisen Widersacher des Kapitäns. Starbuck ist religiös und denkt rational. Der Roman erzählt, wie Starbuck beinahe Ahab tötet, aber dann doch davon abläßt. Die Mannschaft erlegt mehrere Wale; das Buch beschreibt in diesem Zusammenhang sowohl die Jagd von Walen als auch deren Verarbeitung sehr detailgetreu. Immer wieder trifft die Mannschaft auf andere Schiffe, deren Besatzung nach dem weißen Wal gefragt wird. Nach einer abenteuerlichen Fahrt durch den Indischen Ozean wird östlich von Japan der weiße Wal gesichtet. Drei Tage dauert die Jagd. Ahab wird von Moby Dick dabei unter Wasser gezogen; der Wal rammt das Schiff und versenkt die Pequod. Ismael überlebt als einziger, da er sich auf einen Sarg rettete, der für einen zuvor kranken Matrosen namens Queequeg gefertigt worden war.

Der Räuber Hotzenplotz
Das Buch wurde erstmals 1962 veröffentlicht und stammt vom Kinderbuchautor Otfried Preußler (*1923), der auch die Fortsetzungsbücher *Neues vom Räuber Hotzenplotz* sowie *Hotzenplotz 3* publizierte. Im Grunde genommen ist Räuber Hotzenplotz eine Kasper-Geschichte, bei der alle Figuren eines Kasperl-Puppentheater-Stückes enthalten sind: Kasperl, Seppl, Großmutter, Räuber (Hotzenplotz), Polizist (Dimpfelmoser). Im ersten Band raubt Hotzenplotz die Kaffeemühle von Kasperls Großmutter. Es ist eine besondere Kaffeemühle, weil sie beim Drehen des Mahlwerks das Lieblingslied von Großmutter »Alles neu macht der Mai« spielt. Wachtmeister Dimpfelmoser schafft es jedoch nicht, den Räuber zu fassen, weshalb sich Kasperl und Seppl aufmachen, den Räuber aufzuspüren. Sie werden jedoch von diesem gefangengenommen, und weil er die Hüte der beiden vertauscht, verkauft er Kasperl, den er für Seppl hält, an den bösen Zauberer Petrosilius Zwackelmann. Seppl landet als Kasperl verkleidet in der Höhle des Räubers, wo er für diesen schuften muß. Kasperl kommt hinter das Geheimnis des Zauberers, der einst die gute Fee Amaryllis in eine Unke verwandelt hat. Kasperl beschafft das Feenkraut, welches unter einer alten Wetterfichte

auf einer Heide wächst, und kann somit den Zauber aufheben. Die Unke wird wieder zur Fee. Der böse Zauberer fällt vor Schreck in den Unkenpfuhl und stirbt. Weil der Zauberer zuvor dem Räuber Hotzenplotz aus Ärger in einen Vogel verwandelt hat, wird dieser von Seppl und Kasperl in Gefangenschaft gehalten. Als Dank erhalten beide von der Fee einen Wunschring mit drei Wünschen. Beide wünschen sich Großmutters Kaffeemühle zurück, eine neue Zipfelmütze für Kasperl – weil Hotzenplotz die alte verbrannt hatte –, und dann verwandelt sie aus Gutmütigkeit Hotzenplotz wieder in einen Menschen.

Robinson Crusoe

Der Roman stammt von Daniel Defoe (1660–1731) und wurde 1719 erstmals publiziert. Die Geschichte gilt als erster englischer Roman. Dieser war wiederum Vorlage für die Bezeichnung »Robinsonade«, womit man das Gefangensein auf einer Insel bezeichnet. Die Geschichte beschreibt die Abenteuer von Robinson Crusoe, der nach einem Sturm als einziger Überlebender nach einer Schiffskatastrophe auf einer einsamen Insel landet. Weil er verschiedene Gegenstände vom Schiff retten kann, ist er in der Lage, sich eine Behausung einzurichten. Er beginnt zu jagen, mit letzten Weizenkörnern Getreide anzubauen, Brot zu backen und sich selbst Kleidung zu machen. Seine Behausung baut er mit einigen – ebenfalls geretteten – Gewehren zu einer Festung aus, da er sich nicht sicher fühlt. Sein einziges Buch ist eine ebenfalls gerettete Bibel, in der er jeden Tag liest und allmählich religiöse Gefühle entwickelt. Eines Tages entdeckt Robinson, daß die Insel von Kannibalen aufgesucht wird. Er befreit ein Opfer und nennt dieses später »Freitag«, weil es sich an einem Freitag zugetragen hat. Robinson bringt Freitag Englisch bei. Nach 28 Jahren wird Robinson gerettet; zuvor gelingt es ihm und Freitag, einen anderen Eingeborenen und einen schiffbrüchigen Spanier aus der Gewalt der Kannibalen zu befreien. Der Spanier berichtet von Landsleuten, die auf der Heimatinsel von Freitag ein jämmerliches Dasein erdulden müssen. Der gerettete Eingeborene – welcher Freitags Vater ist – soll losfahren, um die anderen Europäer zur Insel von Robinson zu bringen. Doch während beide noch unterwegs sind, taucht ein englisches Schiff vor der Insel auf, dessen Mannschaft nach einer Meuterei den Kapitän und zwei andere Besatzungsmitglieder auf der scheinbar unbewohnten Insel aussetzen. Robinson gelingt es nach harten Kämpfen mit den Meuterern, das Schiff zurückzuerobern. Die Rädelsführer werden auf der Insel ausgesetzt, und Robinson macht sich auf den Rückweg nach England. Doch nach ein paar Jahren besucht er die Insel wieder und stellt fest, daß sich die Spanier nach anfänglich harten Kämpfen mit den Meuterern geeinigt haben, als die Insel von Kannibalen angegriffen wurde. Jetzt bilden die »neuen« Bewohner eine friedliche Kolonie, zu der Robinson weitere neue Ansiedler bringt. Bei einem dieser Besuche stirbt Freitag auf See.

Es wird vermutet, daß die Geschichte auf das Leben des Abenteurers Alexander Selkirk zurückgeht. Dieser gehörte wohl zur Mannschaft des Freibeuters William Dampier. 1704 soll er nach einem Streit mit seinem Kapitän auf der Insel Mas a Tierra (heute heißt die Insel Isla Robinson Crusoe) ausgesetzt worden sein. Vier Jahre und vier Monate blieb Selkirk auf der Insel, bis er gerettet wurde. Vermutlich wurde Daniel Defoe von einer Geschichte über Selkirk – welche von Richard Steele in einer Zeitschrift publiziert wurde – wohl inspiriert.

Rulaman

Der 1878 erschienene Jugendroman stammt vom deutschen Naturforscher und Schriftsteller David Friedrich Weinland (1829 bis 1915). Im Buch wird zum Teil erzählend, zum Teil aber auch didaktisch erklärend anhand verschiedener Handlungen das Leben zwischen der Steinzeit und der beginnenden Bronzezeit dargestellt. Die Handlung spielt im Bereich der Schwäbischen Alb und faßt Zeitabschnitte zusammen, die so tatsächlich nicht ineinandergegriffen haben. Das Ganze ist vor dem Hintergrund des zur Mitte des 19. Jahrhunderts erwachenden Interesses der Menschen an ur- und frühgeschichtlichen Themen zu sehen. So wurde das erste Skelett eines Neandertalers 1856 entdeckt; sechs Jahre zuvor waren in Süddeutschland und in der Schweiz Pfahlbauten aus der Jungsteinzeit ausgegraben worden. Titelheld des Romans ist Rulaman, der zum Volk der »Aimats« gehört. Rulaman erlebt verschiedene Abenteuer; seine Stammesgenossen kommen später in Kontakt mit den aus dem Osten eingewanderten »Kalats«. Dies sollen Kelten sein, welche bereits die Metallverarbeitung beherrschten und so den Aimats überlegen sind. Rasch verdrängen sie die Steinzeitmenschen. Interessant ist die Tatsache, daß der Roman im Achtal unweit von Blaubeuren (Alb-Donau-Kreis in Baden-Württemberg) spielt. Hundert Jahre nachdem der Roman erschienen war, wurden dort in der Geißenklösterle-Höhle bedeutende steinzeitliche Funde entdeckt. Von dort und anderen Höhlen der Umgebung stammen die ältesten willkürlichen Kunstwerke der Menschheit (Alter: 36 000 Jahre).

Der Struwwelpeter

Das Buch wurde 1844 vom Arzt Heinrich Hoffmann für seinen Sohn als Weihnachtsgeschenk gezeichnet und gemalt. Eigentlich drehte es sich in dem gesamten Band um Geschichten von Kindern, welche sich nicht »brav verhalten«. Ob die Geschichte vom bösen Friedrich, die gar traurige Geschichte mit dem Feuerzeug, die Geschichte vom Suppen-Kaspar oder die Geschichte vom Zappel-Philipp sowie die Geschichte vom Hans-guck-in-die-Luft – da widerfährt den Kindern, welche nicht auf ihre Eltern hören oder die sich sonst schlecht verhalten, ganz unterschiedliches Unheil. Der bitterböse Friedrich, welcher Tiere gequält hat, wird vom Hund gebissen, Paulinchen, welche mit Streichhölzern spielte, verbrennt, und die Kinder, welche den Mohren verspotten, werden in ein riesiges Tintenfaß gestopft und sind anschließend noch viel schwärzer als der Mohr.

Winnetou

Karl May (1842–1912) hat nicht nur mit *Winnetou I, Winnetou II* und *Winnetou III* mit die bekanntesten Jugendromane, sondern auch Vorlagen für mittlerweile als Kultstreifen bekannte Kinofilme (mit Pierre Brice als Winnetou, Lex Barker als Old Shatterhand und Marie Versini als Nscho-tschi) geschaffen. Im Ich-Stil erzählt Charlie (hier sah sich Karl May wohl selbst) alias Old Shatterhand seine Abenteuer. Er arbeitet als Vermesser für die Great-Western-Eisenbahn. Seine Gefährten sind Sam Hawkins, Dick Stone und Will Parker. Weil die Eisenbahn-Gesellschaft eine Gleislinie mitten durch das Gebiet der Apachen bauen will, kommt es zu Konflikten. Als der weiße Rattler auf Winnetou – Sohn des Apachen-Häuptlings Intschu-tschuna – schießt, wirft sich (der aus Deutschland stammende) Klekhi-petra (weißer Vater) vor Winnetou und stirbt. Winnetou reitet mit seinem Vater heim, um bewaffnete Krieger zu holen, weil er die Bleichgesichter auslöschen will. Die Weißen verbünden sich mit dem Indianerstamm Kiowas; Old Shatterhand und seine Gefährten sympathisieren jedoch insgeheim mit den Apachen. In den folgenden Kämpfen werden sie von diesen gefangen. Niemand hatte zuvor erfahren, daß Old Shatterhand heimlich Winnetou und Intschu-tschuna aus den Klauen der Kiowas befreit hatte und daß Old Shatterhand um das Leben der von den Kiowas gefangenen Apachen kämpfte und gewann. Nach einigem Hin und Her und vielerlei spannenden Szenen werden Old Shatterhand und Winnetou schließlich Blutsbrüder. Und so ziehen sich die Abenteuer mit vielen tragischen Ereignissen über die weiteren Bände hin.

Die Winnetou-Trilogie gehört mit zu den beliebtesten Büchern von Karl May, der jedoch auch mit Abenteuerromanen – welche im Nahen Osten und auf dem Balkan spielen – viele Hunderttausende von jungen Lesern begeistert hat und bis zum heutigen Tage begeistert. Dazu gehören auch die Abenteuer von Kara Ben Nemsi und vielen anderen.

✎ Meine Lieblingsbücher

Entdecker und Erfinder

In seinem Geräteschuppen im Garten hat Großvater ständig an irgendwelchen »Erfindungen« herumgebastelt – sehr zum Ärgernis von Oma, die mit »all dem Quatsch« nichts anzufangen wußte. Opa versuchte, Gartengeräte zu verbessern, und bastelte an solargesteuerten Küchengeräten. Nicht alles, was er zu verbessern versuchte, war hinterher noch zu gebrauchen. Oma hatte immer Angst, daß Großvater »sich einen Stromschlag holt« oder anderweitig verletzt. Er aber ließ sich nicht beirren und glaubte, daß es »eine Lösung für alle Probleme gibt«.

Wie Goethe sein »Schriftsteller-Gott« war, so verehrte Opa Leonardo da Vinci als Genie. Der Bildhauer, Maler, Architekt, Musiker, Anatom, Mechaniker und Ingenieur war der »Erfinder-Gott« der Renaissance und lebte von 1452 bis 1519 in Italien. Für Großvater war Da Vinci ein Jahrtausendgenie. Man sagt ihm Erfindungen nach, die erst Jahrhunderte später realisiert werden konnten: Er baute Fluggeräte, die als Vorläufer des Hubschraubers gesehen werden können, und ein Holzmodell, das an einen Panzer erinnert. Da Vinci zeichnete Skizzen von Schiffen mit Schaufelradantrieb und konstruierte sogar eine Art Auto. Weltberühmt wurde er allerdings als Maler der lächelnden Mona Lisa.

Hier sind zwanzig der wichtigsten Erfinder, die Opa neben da Vinci noch bewundert hat:

- James Watt (1736–1818): Erfinder der Dampfmaschine
- Graf Ferdinand von Zeppelin (1838-1917): Erfinder der Luftschiffe
- Konrad Röntgen (1845–1923): Entdecker der Röntgenstrahlen
- Heinrich Hertz (1857–1894): Entdecker der Hertzschen Wellen (MHz, KHz)
- Albert Einstein (1879–1955): Entdecker der Relativitätstheorie
- Konrad Zuse (1910–1995): Erfinder des Computers
- Manfred von Ardenne (1907–1997): Erfinder des Fernsehens
- Melitta Bentz (1873–1950): Erfinderin des Kaffeefilters

- Hugo Junkers (1859–1935): Flugzeugkonstrukteur und Vater der zivilen Luftfahrt
- Philipp Reis (1834–1874): Erfinder des Telefons
- Gottlieb Daimler (1834–1900) und Carl Benz (1844–1929): Erfinder des Automobils
- Johannes Gutenberg (1397–1468): Erfinder des Buchdrucks
- Rudolf Diesel (1858–1913): Erfinder des Diesel-Verbrennungsmotors
- Robert Koch (1843–1910): Entdecker des Tuberkel-Bakteriums und Choleraerregers
- Otto Lilienthal (1848–1896): Flugzeugkonstrukteur
- Wernher von Braun (1912–1977): Raketenkonstrukteur und Vater der Raumfahrt
- Galileo Galilei (1564–1642): Erfinder des Thermometers
- Isaac Newton (1643–1727): Erfinder des Spiegelfernrohrs
- Karl Friedrich von Drais (1785–1851): Erfinder des Fahrrads
- Alfred Nobel (1833–1896): Erfinder des Dynamits

Meine Lieblingshelden aus Literatur und Wirklichkeit

Handwerk und alte Berufe

So manches, das die Opas von früher wußten, gerät allmählich in Vergessenheit, stirbt aus. Das gilt in hohem Maße für Berufe, die man heute ganz einfach nicht mehr braucht. Für manche früher handwerklich hergestellten Produkte gibt es heute eine maschinelle und damit günstigere Fertigung, und für so manche handwerklich hergestellten Gegenstände, die einst unentbehrlich waren, gibt es heute Ersatz aus modernen, industriell hergestellten Werkstoffen. Man denke nur an die Holzfässer, die nicht nur für Wein, Bier und Most, sondern auch für viele andere Flüssigkeiten die einzigen Lager- und Transportgefäße waren. Ob ganz früher als Wäschezuber, Güllefaß oder kleines Essigfäßchen: über Jahrhunderte hinweg war ein Leben ohne Holzbehältnisse nicht denkbar.

Heute wird der Wein in großen Edelstahltanks ausgebaut, und nur Spitzengewächse kommen zur Verfeinerung ein paar Monate in ein Barrique-Faß aus Eichenholz. Auch Apfel- und Birnenmost werden heute fast durchweg in Kunststofffäßchen gelagert. So braucht man kaum noch Küfer, die es beherrschen, aus Eichenholz runde oder ovale Fässer und Bottiche zusammenzufügen. Es sind nur noch wenige spezialisierte Betriebe, welche diese alte Handwerkskunst beherrschen und dank der stärkeren Nachfrage nach Barrique-Rotweinen dieses Handwerk auch fortführen.

Ähnlich ist es auch mit den Korbflechtern. Längst werden viele Körbe aus billigem Kunststoff und anderen Materialien angeboten; echte Weidenkörbe werden billig vom Balkan oder aus Asien eingeführt. Oft sind es nur ein paar Idealisten, welche die Kunst solcher alter Berufe wie die Korbflechterei oder das Seilemachen als nostalgisches Hobby weiterführen. Auf Jahrmärkten oder Nostalgiemessen führen sie ihre Kunst vor und halten die Erinnerung an alte Berufe ebenso lebendig wie Freilichtmuseen. Hier einige der alten, vom Aussterben bedrohten Berufe:

- *Besenbinder:* Herstellung von Reisigbesen aus Weiden- oder Haselruten mit Stielen aus Eschenholz.
- *Böttcher:* Stellen Holzfässer in allen Größen her.
- *Drechsler:* Verarbeitet Holz an der Drehbank zu Schalen, Löffeln.
- *Gerber:* Fertigung von Leder aus Tierfellen.
- *Hufschmied:* Fertigen von Hufeisen und beschlagen von Pferden sowie Fertigen von Klingen und Werkzeugen.
- *Kesselflicker:* Reparaturen von Kannen und Kesseln mit Metallblech.
- *Korbflechter:* Flechten verschiedenster Körbe aus Weidenruten.
- *Kunstschmied:* Schmiedet verschnörkelte schmiedeeiserne Gitter, Zäune und Tore, Wetterhähne für den Kirchturm und Beschläge.
- *Sattler:* Fertigung eines Sattels, Herstellung der Polsterung und des Gurtwerks.
- *Segelmacher:* Nähen von Segeln aus Leinen oder Segeltuch.
- *Seilmacher:* Herstellung von Tauen und Seilen, zum Beispiel aus Hanf, Sisal oder Garn.
- *Torfstecher:* Mit Schäleisen und Torfspaten wurde in den Mooren Torf gestochen, gestapelt und getrocknet.
- *Wagner:* Fertigung von Holzrädern, Kutschen, Holzschubkarren, Stiele für Werkzeuge wie Spaten, Schaufeln, Äxte.

Basteln, Werken und Bauen

Heute sind die meisten Gegenstände des täglichen Gebrauchs aus Kunststoff: funktional, einheitlich, billig. Massenprodukte eben! Großvater hingegen schätzte gute Handwerksarbeiten. Er besaß Liebhaberstücke aus Holz und Leder, Ton, Hanf und Wolle. »Naturmaterialien haben alle einen ganz bestimmten Charakter«, sagte er immer. Sie fordern das Wissen und die Geschicklichkeit des Handwerkers heraus. So müssen Schreiner, Drechsler und Bootsbauer genau wissen, wie das Holz beschaffen ist, das sie verwenden. Nicht jeder Baum eignet sich für jede Arbeit. Auch wann und wie ein Baum gefällt wird, spielte eine große Rolle für die Qualität des Holzes.

Heute sind alte Handwerkskünste wieder mehr gefragt. Die Arbeiten haben ihren Preis. Sie haben Seltenheitswert und sind entsprechend teuer. Weil kaum mehr jemand die Stundenlöhne für gutes Handwerk zahlen will oder kann, geraten die Künste der alten Meister mehr und mehr in Vergessenheit. Großvater hat gesagt: »Ein guter Handwerker liebt seine Arbeit. Er erfreut sich an dem individuellen Stück und dem Entstehen des Gebrauchsgegenstandes in seinen Händen. Das macht den Mann zu einem glücklichen Menschen.« Ehrliche, wertvolle Arbeit sei eine große Freude, so betonte Großvater. Oft werkeln alte Handwerker noch bis ins hohe Alter in ihren Schuppen oder Hobbykellern.

Großvater hat auch mit über 80 Jahren noch kleine Kunststükke aus Holz geschnitzt. Er hat Spazierstöcke selbst gefertigt und wußte, daß das Holz des Haselnußstrauches, das er dazu nahm, mindestens fünf Jahre alt sein muß. Gatter und Zäune baute er aus Eschenholz, Hopfenpfähle aus Edelkastanie und als Bauholz nahm er stets Eiche, Lärche, Esche oder Edelkastanie. Die Stiele der Gartengeräte (wie zum Beispiel des Rechens) waren aus dem Holz einer gerade gewachsenen Esche. »Auch Heugabeln wachsen im Eschenbäumchen«, hat er immer gesagt. Mit großer Geduld hat Großvater sich sogar einmal einen Löffel geschnitzt. »Für einen 25 Zentimeter langen Löffel mußt du 30 Zentimeter lange Klötze sägen und mit der Axt in die nötige Stärke spalten«, hat er uns erklärt. Dann wurde der Rohling mit einem kleinen Beil bearbeitet. Die Höhlung des Löffels wurde mit einem gebogenen Messer herausgeschält. Zum Schluß wurde der Löffel mit Schleifpapier poliert. Mit den Jahren wurde das Stück immer schöner. Heute ist der alte Löffel uns eine liebevolle Erinnerung an unseren Großvater geworden.

Wie man Holz fällt

Ist der Baum schräg gewachsen, muß man ihn zur Neigungs-Richtung hin fällen. An der Seite, in die der Baum fallen soll, schlägt man mit der Axt eine V-förmige Kerbe. Schneller geht's natürlich mit einer Motorsäge. Die Tiefe der Kerbe entspricht etwa einem Drittel der Dicke des Stammes. Dann wird auf der gegenüberliegenden Seite eine zweite Kerbe eingeschlagen. Sie muß etwa eine Handbreit über der anderen Kerbe liegen. Hier knickt der Stamm ab. Beim Fällen unbedingt auf umstehende Bäume achten, damit der gefällte Baum nicht in den Ästen hängenbleibt. Niemand darf in Fallrichtung stehen, sondern immer seitlich. Das Holz eines frisch gefällten Baumes kann man nicht sofort verarbeiten. Es muß mindestens ein Jahr lagern. Damit sich keine Insekten (vor allem Borkenkäfer) einnisten können, sollte die Rinde entfernt werden (bei Eiche nicht erforderlich).

Wann wird gefällt?

Es klingt ein wenig ungewöhnlich, aber alte Holzfäller glauben ganz fest daran: Der Stand des Mondes spielt eine große Rolle beim Fällen eines Baumes! Jedenfalls hielten sich die Holzfäller früher an feste Mondzeiten, damit die Qualität des Holzes stimmt. Generell gilt »Winter-Holz«, das im Dezember und Januar gefällt wird, als gutes Bau- und Werkzeugholz. Es hat darum weniger Feuchtigkeit in sich, weil der Stoffwechsel des Baums in dieser Zeit ruht. Es soll möglichst nach Neumond gefällt werden.

- Feuerbeständiges Lärchenholz soll am 1. März oder 21. Dezember gefällt werden.
- Nicht faulendes Holz fällt man im Januar.
- Brennholz fällt man nach der Wintersonnenwende, bei abnehmendem Mond.
- Pfahlholz für Bootsstege wird an warmen Sommertagen bei zunehmendem Mond gefällt. Man muß es sofort verbauen.
- Möbelholz und Schnitzholz am besten am 24. Juni um die Mittagszeit schlagen, am 25. März oder Ende Dezember und Anfang Januar.

Das Werkzeug

Um Holz zu bearbeiten, braucht man das richtige Handwerkszeug. Dazu gehören Spaltwerkzeuge wie ein Spalteisen, ein Spaltblock, ein Schlegel und Keile in unterschiedlicher Größe. Wer Holz spalten will, muß daran denken, daß es quer zur Faserung reißen und splittern kann.

Wer viel mit Holz arbeitet, braucht eine Hobelbank, Zahneisen und Ziehmesser zum Entfernen der Rinde. Gebogene Messer, kleine Schnitzmesser und eine Drechsel sind genauso wichtig wie Sägen und Stechbeitel zum Schneiden von Zapfenlöchern. Natürlich gehören auch unterschiedliche Nägel, Hammer und Bohrer sowie ein einfacher Handbohrer in den Werkzeugkasten. Holz kann man biegen, indem man es etwa zwei Stunden über Dampf erhitzt und dann einige Tage in die gewünschte Form zwingt.

Was gut brennt

- *Weißbuche/Hainbuche* ist vorzügliches Brennholz mit einer sehr guten Glut.
- *Rotbuche* hat einen hohen Heizwert und eignet sich hervorragend für ein Kochfeuer. Es bildet eine gute Glut.
- *Sommerlinde* ist zwar leicht entflammbar, hat aber einen schlechten Heizwert.
- *Spitzahorn* bildet eine gute Glut.
- *Tannenholz* bildet zwar nur eine mittlere Glut, dafür aber wenig Rauch.
- *Winterlinde* hat nur einen mittleren Heizwert und bildet wenig Glut.
- *Apfelbaumholz* bildet eine gute Glut.
- *Lärche* verbrennt mit einem angenehmen Duft, hat aber nur eine mittlere Heizkraft.
- *Roßkastanie* wird gern als Brennholz genommen, hat aber nur einen mittleren Heizwert, es entstehen leicht Funken.
- *Pappel* ist zwar leicht entflammbar, bildet aber wenig Glut und hat nur einen geringen Heizwert.
- *Fichte* verbrennt mit viel Rauch, bildet nur wenig Glut und hat nur eine mittlere Heizkraft.

- *Walnußbaumholz* hat einen sehr hohen Heizwert und bildet eine gute Glut.
- *Birke* gilt als ideales Brennholz.

Heimische Hölzer

Ahorn (Bergahorn): Ist hartes Holz, das sich problemlos bearbeiten läßt: Schnitzen, Drechseln, Beizen und Polieren sind leicht und sauber durchzuführen. Vorbohren für Nägel und Schrauben ist geraten. Der Baum wird bis zu 25 Meter hoch, seine Stämme sind bei einer Länge von 10 Metern astfrei. Das Holz ist mittel- bis feinporig und fast weiß. Es eignet sich nicht nur für Möbel, sondern auch für Küchengeräte und Musikinstrumente.

Birke: Sie läßt sich gut drechseln, schälen und mit Schnitzmessern bearbeiten, kann beim Trocknen allerdings leicht reißen. Die Stämme sind bis zu 15 Meter Höhe astfrei. Das Holz hat eine gelblich bis rötliche Farbe, die Poren sind fein bis mittelgroß. Birke wird als Möbel- und Drechslerholz verwendet.

Birnbaum: Das Holz ist hart, läßt sich aber leicht drechseln, schnitzen und polieren. Wenn es trocknet, neigt es allerdings zu Verwerfungen. Die Stämme sind – wenn es sich um einen Hochstamm handelt – bis zu 6 Meter astfrei. Die Farbe ist rötlich-braun. Es ist feinporig – und ist vielseitig verwendbar. Birnbaum ist gutes Holz zum Bau von Flöten, Werkzeugen und Zeichengeräten, aber auch für Möbel und Vertäfelungen geeignet.

Eiche: Eichenholz ist mit allen Werkzeugen perfekt und sauber zu verarbeiten. Es läßt sich gut spalten, schnitzen, drechseln und polieren. Beim Hobeln muß man allerdings aufpassen, weil Eiche sehr grobfaserig ist. Der Nachteil: Eichenholz neigt zu Rissen und muß deshalb langsam trocknen. Die Stämme sind mitunter auf einer

Länge von 10 Metern astfrei. Das Holz ist graubraun bis rötlich-braun und dunkelt mit der Zeit nach. Eiche ist perfekt für den Bau von Booten, Fässern (Barrique-Weinfässer, Whiskeyfässer) und Parkett geeignet und ist außerdem beliebtes Möbelholz.

Eibe: Das Holz ist sehr fest, hart und außerdem elastisch. Deshalb ist es nicht leicht zu bearbeiten. Es läßt sich schlecht schnitzen und drechseln. Die Eibe wird etwa 15 Meter hoch, die Stämme sind bis zu 6 Meter Länge astfrei. Das Holz ist rötlich und dunkelt sehr stark nach. Wildwachsende Eiben stehen unter Schutz, weil sie vom Aussterben bedroht sind. Das Holz eignet sich perfekt zur Herstellung von Musikgeräten, Drechsel- und Kunsttischlerarbeiten und hochwertige Meßwerkzeuge.

Esche: Beim Hobeln kann das Holz reißen, läßt sich jedoch mit allen Werkzeugen gut bearbeiten. Außerdem läßt Eschenholz sich gut trocknen. Der Baum wird bis zu 35 Meter hoch, die Stämme sind bis auf zwölf Meter astfrei. Das Holz ist grobporig, die Farbe leicht grau bis oliv. Esche ist perfektes Konstruktionsholz für Boote, Flugzeuge, Sportgeräte, aber auch für Werkzeugstiele (Schaufeln, Spaten, Äxte) und Fässer sowie für Möbel und den Innenausbau.

Erle: Das Holz ist einfach zu trocknen, läßt sich gut drechseln und schnitzen und ist perfektes Möbelholz. Die Stämme sind nahezu astfrei. Das Holz ist grobporig, die Farbe ist rötlich-gelb und wird später bräunlich. Erle eignet sich gut als Modellbauholz, für Möbel, Musikinstrumente, aber auch als Schälholz für Sperrplatten.

Fichte: Das weiche Holz läßt sich gut sägen, hobeln, bohren und mit Messern bearbeiten. Fichte ist leicht zu spalten, zu nageln und zu schrauben. Das Holz läßt sich gut beizen und anstreichen, aber nur schlecht imprägnieren. Die Stämme sind meist nur bis zu 20 Meter Länge astfrei. Das Holz ist fast weiß bis rötlich-gelb, aber häufig von Harzkanälen durchzogen. Fichte wird für den Innenausbau (Balken, Dachstühle und Dielen) häufig genommen, läßt sich aber auch zur Täfelung und als Furnierholz verwenden. Aus dem Schälholz werden auch Paletten und Kisten gefertigt.

Kiefer: Das Holz ist mit allen Werkzeugen sehr gut zu bearbeiten, läßt sich problemlos sägen, hobeln, fräsen, drechseln und mit Messern schnitzen. Die Stämme sind bis zu 18 Meter lang astfrei. Das Holz ist rötlich und dunkelt braunrot nach. Kiefernholz wurde früher häufig als Grubenholz verwandt. Heute dient es dem Innenausbau für Fensterrahmen, Fußböden usw.

Kirschbaum: Das relativ harte Holz trocknet zwar schnell, neigt jedoch zu Verwerfungen. Dafür läßt es sich mit allen Werkzeugen leicht bearbeiten: Man kann es drechseln, gut hobeln, spalten, schnitzen und leicht nageln und schrauben. Der kultivierte Kirschbaum ist am Stamm auf einer Länge von bis zu 8 Metern astfrei. Das Holz ist feinporig und zunächst blassgelb, später rötlichbraun. Es eignet sich gut für Möbel, Vertäfelungen und Furniere.

Lärche: Das widerstandsfähige Holz läßt sich gut schnitzen, schälen und sägen, sollte jedoch zum Nageln und Schrauben vorgebohrt werden. Es ist leicht zu trocknen. Der Stamm ist bis zu 20 Meter Länge astfrei. Das Holz ist rötlich-braun und dunkelt später nach. Es hat allerdings wie die Fichte Harzkanäle. Die Lärche gilt als gutes Konstruktionsholz für den Innen- und Außenbau (Tore, Treppen) und Decken.

Linde: Das Holz ist von alters her bei Schnitzern wegen seiner Weichheit beliebt und läßt sich sehr gut verarbeiten. Es ist feinporig, die Farbe ist weißlich-gelb und dunkelt später nach. Lindenholz ist als gutes Schnitzholz seit Jahrhunderten bekannt. Berühmte Bildhauer und Holzschnitzer haben Altäre (zum Beispiel Tilman Riemenschneider) und Heiligenfiguren gefertigt. Doch Lindenholz wurde auch für die Herstellung von Besteck, Tellern und Schüsseln verwandt. Außerdem wird Lindenholz als Tonholz im E-Gitarren-Bau verwandt.

Rotbuche: Das Holz muß sehr langsam trocknen, denn es reißt leicht und neigt zu Verwerfungen. Dafür läßt es sich leicht mit allen Werkzeugen bearbeiten und perfekt schnitzen, schälen, drechseln und polieren. Der Stamm ist meist auf einer Länge von 15 Metern astfrei. Das Holz ist feinporig und neigt zu Rissen. Die Farbe liegt zwischen hellgrau bis rötlich-braun. Es dunkelt nach. Aus dem Holz hat man früher Fässer gefertigt, heute wird es häufig für Fußböden (Parkett) und Treppen verwandt, aber auch für Werkbänke, Werkzeugteile, Möbel sowie Kinderspielsachen.

Ulme: Das Holz ist elastisch und nicht sehr hart Es muß langsam trocknen, weil es sonst reißt. Die Stämme sind bis zu 10 Meter Länge astfrei. Die Farbe liegt zwischen grau bis rotbraun. Es wird unter anderem für Furniere und zu Sitzmöbeln verarbeitet.

Wie baut man eine Trockenmauer?

Ganz früher, als die Menschen noch keinen Mörtel und Beton kannten, war es ganz selbstverständlich, daß zur Terrassierung von Gelände oder zur Abgrenzung von Grundstücken Trockenmauern errichtet wurden. Das sind Mauern unter Verwendung der Steine, welche es in der jeweiligen Umgebung gibt und die ohne Mörtel – also einfach trocken aufeinandergesetzt – vermauert werden. Überall auf der Welt finden sich große und kleine Beispiele des Trockenmauerbaus. Dazu gehören auch gigantische Anlagen wie die Inka-Ruinen von Machu Picchu in Peru, die Trockenmauer-Terrassenweinberge entlang von Rhein, Mosel, Nahe und Neckar. Manche entdecken jetzt wieder die Vorzüge einer Trockenmauer, etwa im eigenen Garten. Solch eine Trockenmauer sieht nicht nur schöner aus als nackter Beton oder die meist hässlichen Formsteine aus dem Baumarkt. Zwischen den Fugen und Ritzen können allerlei trockenheitsliebende Pflänzchen gedeihen, und so manches Tier – ob Weinbergschnecke oder Eidechse – findet einen Unterschlupf.

Doch wie macht man eine Trockenmauer? Ganz wichtig ist, daß nur Gesteinsmaterial verwendet wird, das für die jeweilige Gegend auch typisch ist. Im Rheinischen Schiefergebirge ist dies eben das dort vorkommende Schiefergestein, im Südschwarzwald Granit, in anderen Gegenden je nach Gesteinsuntergrund Muschelkalk oder Sandstein oder im norddeutschen Tiefland Kieselbatzen oder auch Backsteine, die sich im übrigen ebenfalls trocken vermauern lassen.

Grundlage der Trockenmauer ist das Fundament, das man möglichst auf »gewachsenem« Boden, also unterhalb der Humuszone anlegt. Am Hang, den die Mauer ja schützen soll, wird das nicht allzu tief sein. Ist man gezwungen (etwa bei aufgefülltem Boden), teilweise oder ganz auf »mulmigen« Grund zu bauen, so wird entsprechend tief ausgehoben. 50, 60 Zentimeter und mehr, je nach der Höhe der Mauer, und so breit, daß das »Hintergemäuer« nachher nicht versacken kann. Das »Hintergemäuer« schützt die vorderen Lagen vor dem Druck des Hanges und dient der Wasserableitung. Dann wird der Grund gestampft und verdichtet und der Graben mit Steinbrocken gefüllt; die dicksten vorne, die ebenfalls gestampft werden (kann bei gewachsenem Boden entfallen).

Aufbau einer Trockenmauer

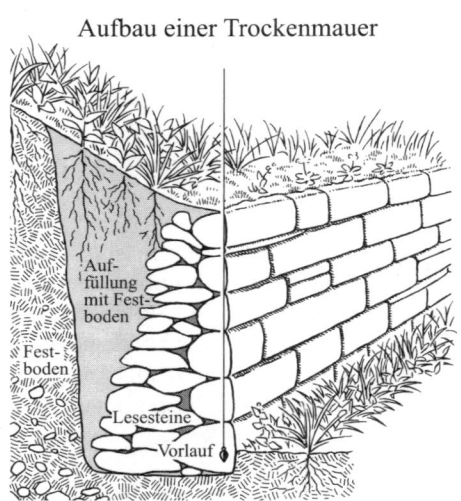

Auf-
füllung
mit Fest-
boden

Fest-
boden

Lesesteine

Vorlauf

Auf diesem Grund, der nach hinten hängen muß (mit der Wasserwaage prüfen), kann nun mit den größten und schwersten Steinen (besonders die Ecksteine) die erste Schicht gesetzt werden. Kleinere Unterschiede in der Höhe der Steine lassen sich ohne Nacharbeit durch Höher- oder Tieferlegen ausgleichen. Nun wird darauf geachtet, daß auch beim Hintergemäuer (es können ruhig größere Hohlräume für Eidechsen und Kleingetier vorhanden sein) Stein auf Stein sitzt (nicht auf Erde). Jede Schicht muß nach hinten hängen. Auf jeden Meter Höhe etwa 3 Zentimeter »Anlauf« geben. Diese Mauer, mag sie 2 Meter hoch sein oder mehr, wird in sich stabil sein, selbst wenn sie sich setzen sollte.

Wie pflegt man eine Feldhecke?

Jede Gegend hat ihre eigenen Feldhecken. Sie sind entstanden entlang von Böschungen und Feldwegen oder entlang von Grundstücksgrenzen. Im Grunde genommen sind sie nichts anderes als Waldränder im Kleinformat. Je nach Höhenlage, Bodenbeschaffenheit und Witterungsverhältnissen sind Hecken unterschiedlich zusammengesetzt. Mal sind es mehr trockenheitsliebende Sträucher und Bäume, mal wieder feuchtigkeitsliebende Arten. Dann gibt es auch feldheckenähnliche Gehölze, die ganz bewußt angepflanzt wurden; so etwa die oft langen Reihen von Kopfweiden, wie man sie im norddeutschen Tiefland oder in den Flußtälern der Mittelgebirgslandschaften vielerorts noch findet.

Hecken

- beleben und gliedern die Landschaft,
- bieten an Böschungen und Bachufern Erosionsschutz,
- regulieren den Wasserhaushalt,
- tragen zur Verringerung oder Vermeidung von Stoffeinträgen in Gewässer bei,
- sind wichtige Bestandteile für eine Biotopvernetzung,
- bieten zahlreichen Tier- und Pflanzenarten ideales Lebensraum,
- wirken klimaregulierend und als Windschutz,

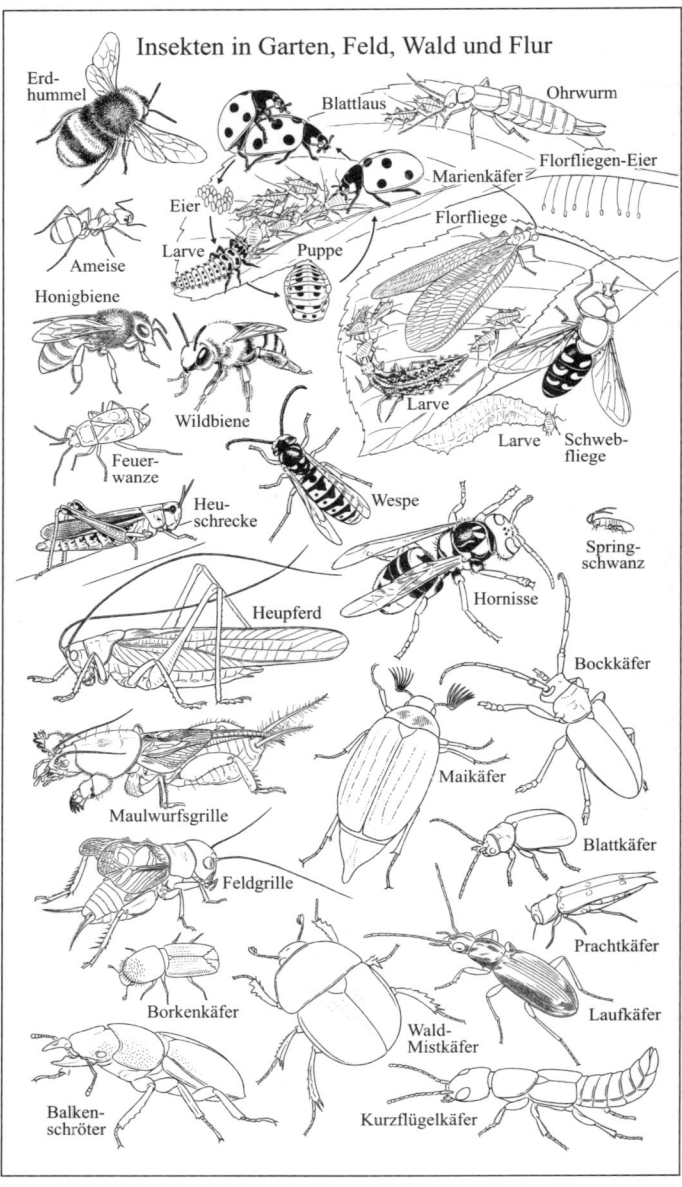

Insekten in Garten, Feld, Wald und Flur

Erd-
hummel

Blattlaus

Ohrwurm

Florfliegen-Eier

Marienkäfer

Eier

Florfliege

Larve

Puppe

Ameise

Honigbiene

Larve

Wildbiene

Larve   Schweb-
fliege

Feuer-
wanze

Heu-
schrecke   Wespe

Spring-
schwanz

Heupferd   Hornisse

Bockkäfer

Maikäfer

Maulwurfsgrille

Feldgrille

Blattkäfer

Prachtkäfer

Borkenkäfer

Wald-
Mistkäfer   Laufkäfer

Balken-
schröter

Kurzflügelkäfer

- bieten Sichtschutz,
- fördern den biologischen Pflanzenschutz.

Warum sind Hecken so bedeutsam?

Ihr mehrschichtiger Aufbau (Boden-, Kraut-, Strauch- und Baumschicht mit verschiedensten Ausprägungen) bringt eine besonders große Artenvielfalt mit sich. Viele Tierarten nutzen die Hecken daher als (Teil-)Lebensräume, zum Beispiel als
- Winterquartier (zum Beispiel Igel, Erdkröte),
- Versteck (zum Beispiel Feldhase, Vögel),
- Nahrungsraum (zum Beispiel Bienenweide schon im zeitigen Frühjahr für Wildbienen, Honigbienen und andere Insekten; Beeren und andere Früchte im Herbst, zum Beispiel für Vögel und Säuger),
- Revier, zur Reviermarkierung und -abgrenzung (zum Beispiel Sitz- und Singwarte für Vögel).

Warum müssen Hecken gepflegt werden?

- Ersetzt die ursprüngliche Heckennutzung (Brennholz, Material für Besen, Bindematerial) und sichert so den Fortbestand der Hecken. Außerdem wird die Holznutzung wieder interessanter.
- Verhindert eine Überalterung und Artenverarmung der Hecken.
- Sichert die vielfältige Funktionsfähigkeit dieser Biotope.
- Trägt zur Erhaltung eines strukturreichen Landschaftsbildes bei.

Wie erfolgt richtige Heckenpflege?

- Alle 10 bis 25 Jahre.
- Im Winterhalbjahr.
- Abschnittsweises »Auf-den-Stock-Setzen«: in Abschnitten von jeweils maximal 20 Meter Länge werden die Gehölze etwa 20 bis 40 Zentimeter über dem Boden abgesägt. Bis zu 20 Prozent einer Hecke können gleichzeitig im Abstand von wenigen Jahren gepflegt werden.

- Bei besonders kurzen Hecken kann das »Auf-den-Stock-Setzen« durch ein Auslichten (einzelbuschweise) ersetzt werden, damit die Hecke trotz Pflegeeingriff ihre ökologische Funktion behält.
- Als »Überhälter« werden einzelne, reizvolle Bäume und Sträucher wie Eiche, Kirsche, Feldahorn oder Walnuß stehengelassen. Dies gilt insbesondere für Gehölze der Baumschicht, die nur ein geringes Potential zum Wiederaustrieb besitzen (zum Beispiel Eiche).
- Stellenweise abgestorbene Stämme als Totholz belassen (zum Beispiel Nistgelegenheit für Wildbienen und Lebensraum für zahlreiche Käfer).
- Größere Fehlstellen in den Hecken ggf. durch Bepflanzung mit heimischen Baum- und Straucharten schließen.

Setzen eines Baumes

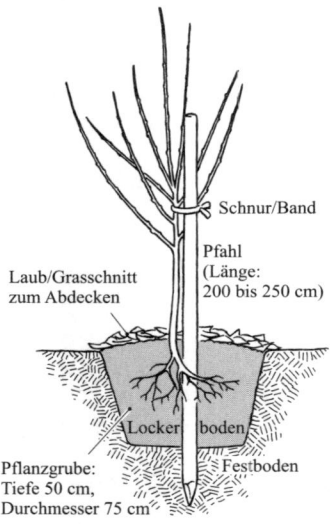

Schnur/Band

Pfahl
(Länge:
200 bis 250 cm)

Laub/Grasschnitt
zum Abdecken

Lockerboden

Pflanzgrube:
Tiefe 50 cm,
Durchmesser 75 cm

Festboden

Wohin mit dem Schnittgut?

- Zur Anlage von »modifizierten Benjes-Hecken« nutzen (einreihige Heckenpflanzung wird mit der Aufschichtung sperrigen Schnittguts kombiniert).
- Mit Häckselmaschine zerkleinern und Häckselgut auf Äcker ausbringen (diese Methode wird zum Beispiel erfolgreich vom Maschinenring des Neckar-Odenwald-Kreises durchgeführt).
- Einer Kompostanlage zuführen.
  Das Verbrennen des Materials sollte nach Möglichkeit vermieden werden.

Aufbau eines Komposthaufens

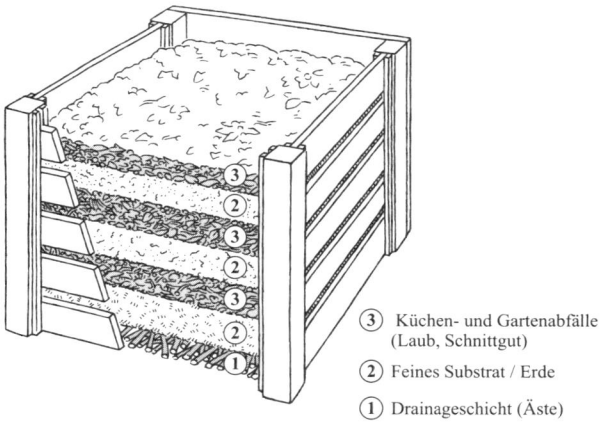

③ Küchen- und Gartenabfälle
  (Laub, Schnittgut)

② Feines Substrat / Erde

① Drainageschicht (Äste)

Auf was sollte man bei der Pflege noch achten?

- Nicht die gesamte Hecke in einem Zug auf den Stock setzen. Die Tiere verlieren sonst auf einen Schlag ihren Rückzugsraum, und es dauert einige Zeit, bis die Hecke ihre volle Funktion zurückgewinnt.
- Kein »Zurechtstutzen« oder nur seitlicher Rückschnitt der Hecke.
- Das Abbrennen der Hecken oder von -abschnitten ist zu unterlassen.
- Kein Ausreißen der Wurzelstöcke.

Lebensraum Hecke

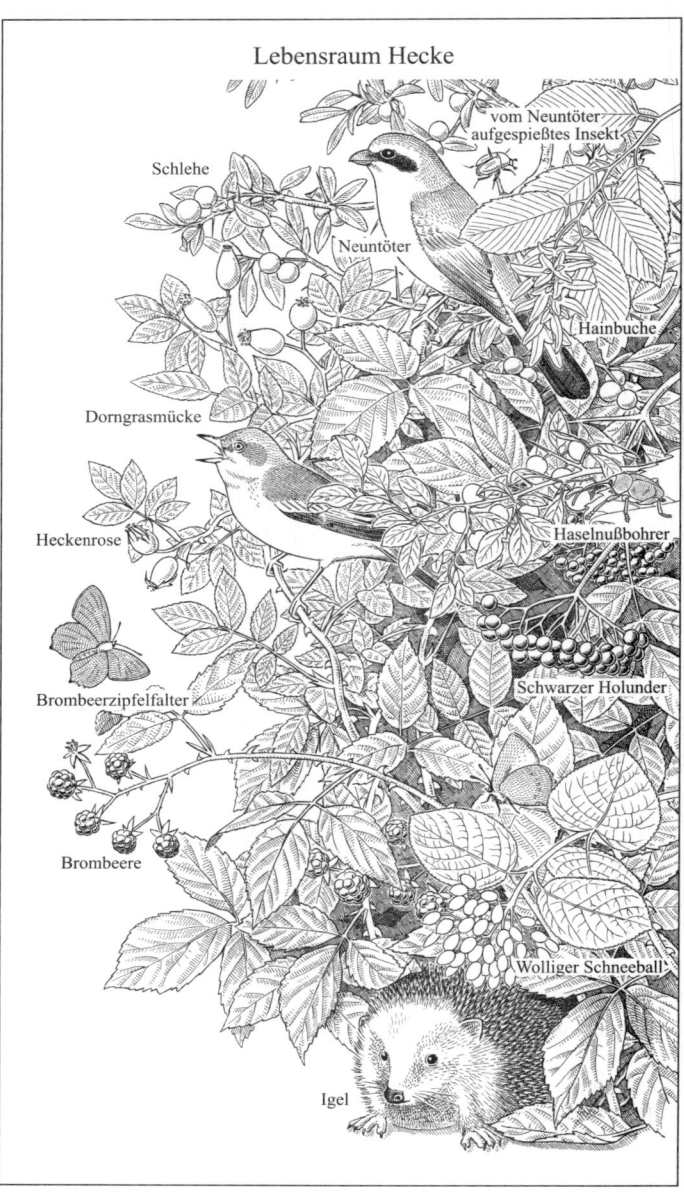

vom Neuntöter
aufgespießtes Insekt

Schlehe

Neuntöter

Hainbuche

Dorngrasmücke

Heckenrose

Haselnußbohrer

Brombeerzipfelfalter

Schwarzer Holunder

Brombeere

Wolliger Schneeball

Igel

Wie man Kerzen macht

In der Vorweihnachtszeit gehörte das Kerzenziehen in manchen Familien einfach dazu. Während Oma mit den Mädchen in der Küche Weihnachtsplätzchen gebacken hat, waren wir Jungs mit Opa anderweitig beschäftigt. Großvater erzählte von früher, einer Zeit, in der die Herstellung von Kerzen zum Alltag gehörte. Denn wer Abend für Abend auf Kerzen als einzige Lichtquelle angewiesen war, hatte einen hohen Verbrauch. »Diese Kerzen hatten nur wenig mit unseren hochwertigen Kerzen gemein«, klärte Großvater uns auf. Sie rochen schlecht, denn sie waren aus geschmolzenem Tierfett (Talg) hergestellt. Außerdem gaben sie kein schönes Licht. Nur wenige Menschen konnten sich im Alltag Kerzen aus Bienenwachs leisten. Sie wurden vor allem in der Kirche und an Feiertagen angezündet. Heute werden Kerzen aus Paraffin oder Stearin gefertigt. Paraffin wird aus Erdöl gewonnen, Stearin aus pflanzlichen Fetten wie Kokos- oder Palmfett hergestellt und mit Rindertalg angereichert.

Den Docht machte man früher aus der »Wolle« des Wollgrases, das auf moorigen Böden wächst, oder aus einfachen Schnüren, die aus gebleichtem Baumwollgarn bestanden. Später dann nahm man flach geflochtene Baumwolldochte. Sie rollten sich beim Verbrennen nach unten hin ein. Ein Docht muß äußerst saugfähig sein. Wenn er angezündet wird, schmilzt das Wachs, das die Flamme nährt. In einer Stunde verbrennt eine Kerze etwa fünf Gramm Wachs.

Man kann Kerzen wickeln, ziehen oder gießen:

- *Ziehen:* Der Docht wird mit einem kleinen Gewicht beschwert und so lange in flüssiges Wachs getaucht, bis sich eine Kerze um ihn herum gebildet hat. Man muß den Docht immer wieder in das Wachs eintauchen, wieder herausziehen und warten, bin das Wachs fest geworden ist. Der Tauchvorgang wird so lange wiederholt, bis die Kerze die gewünschte Stärke hat. Sie wird allerdings nicht dicker als 8 Zentimeter.
- *Wickeln:* Bienenwachskerzen werden gewickelt. Man rollt einfach dünne Wachsplättchen um den Docht, bis die Kerze dick genug ist.

- *Gießen:* Auf den Boden einer Form wird mit etwas heißem Wachs der Docht festgeklebt. Dann wird die Form mit flüssigem Wachs aufgefüllt. Der Docht muß dabei festgehalten werden, damit er in der Mitte gerade bleibt.

Wie aus Haut Leder wird

Tierhäute werden hart und verrotten, wenn sie nicht gegerbt werden. Damit aus Tierhaut brauchbares Leder wird, muß sie mit Chemikalien behandelt werden. Zunächst müssen die Tierhaare entfernt werden (es sei denn, man will einen Pelz fertigen). Dazu benutzte man früher Kalkmilch oder Kalkpaste. In modernen Gerbereien werden heute bestimmte Enzyme genutzt. Die Flüssigkeit zur Haarentfernung nennt man Äscher. Die Haut muß zwei Wochen im Äscher-Bad liegen. Sie quillt darin stark auf. Beim nächsten Schritt müssen die alkalischen Äscher-Chemikalien entfernt und neutralisiert werden. Sonst können die Gerbstoffe nicht in die Haut eindringen.

Nach dem Bad in der Enthaarungsflüssigkeit muß die Haut gebeizt werden. Dafür nahm man früher Tauben-, Hunde- und Hühnermist (heute gibt es synthetische Beizen). Der Vorgang dauert ebenfalls zwei Wochen. Anschließend wird die Haut gründlich gewaschen.

Besonders unangenehm ist das anschließende Entfleischen und Entfetten der Haut. Mit einem Falzeisen werden die Fleisch- und Fettreste abgerubbelt. Dazu hat der Gerber die Haut früher über einen sogenannten Gerberbaum gelegt, um von oben nach unten zu arbeiten und schaben zu können. Am Ende bleibt die Lederhaut übrig.

Heute wird beim Gerben eine Chrom-Alaun-Lösung (Chrom-Kalium-Sulfat) verwendet. Früher legte man die Haut in pflanzliche Extrakte aus Eichen- und Fichtenrinde. Die Rinde wurde im Frühjahr mit einem Schälmesser von den Bäumen geschält, fein zerstoßen und mehrere Tage lang in Wasser eingeweicht. Das Tannin in der Rinde ist der chemische Stoff, der fürs Gerben wichtig ist (Gerbstoff). Tannin dringt langsam in die Hautporen ein, entwässert sie und konserviert die Fasern.

Bis die Häute sich vollends mit dem Gerbmittel vollgesogen haben, muß immer wieder neue Gerblösung nachgefüllt werden, denn die Haut ist »durstig«. Sie muß ungefähr ein Jahr in der Lösung liegen. Anschließend wird sie zum Trocknen aufgehängt. Mit einer Walkwalze wird das Wasser herausgedrückt. Ist die Haut halbwegs trocken, wird sie auf der Fleischseite nochmals mit einem Schabemesser bearbeitet. Dann muß die Haut mit einem Stoßeisen geglättet werden. Man kann die Haut zum Trocknen auf einen Rahmen spannen. Später wird die Fleischseite mit Tierfett wie Rindertalg oder anderen Fetten wie Lebertran eingerieben. Erst dann ist aus der Tierhaut hochwertiges Leder geworden.

Zu den Werkzeugen der Gerber gehören scharfe Messer zum Schneiden und Enthaaren, stumpfe Messer zum Säubern und Glätten. Im einzelnen sind das Krummesser, gebogene Messer und Schabemesser, Streicheisen und Enthaarungseisen, Handstoßeisen und Scheren sowie ein Schabebaum.

Glattes Leder reinigt man am besten mit lauwarmer Seifenlösung. Leder muß immer langsam trocknen. Nasses Leder darf nie am Ofen liegen: Es wird hart, trocken und rissig. Fettflecken entfernt man vorsichtig mit Benzin oder Hirschhornsalz, Schweißflecken werden mit Brennspiritus ausgewaschen, Schimmel mit Holzessig weggewischt.

Wie man Papier schöpft

Opa verschenkte gern Papier, das er aus den seltsamsten Dingen selbst hergestellt hat. »Ich verkoche sogar Lumpen zu feinstem Büttenpapier«, hat er uns erklärt und in seiner »kleinen Papierfabrik« im Schuppen gern vorgeführt, wie das funktioniert. Die wichtigsten Werkzeuge zur Papierherstellung sind ein Handsieb und ein Siebrand. Das Rohmaterial kann aus pflanzlichen Fasern wie Binsen und Farnkraut, aus Leinen und Baumwolle, ja sogar aus Rüben und Hopfen hergestellt werden. Lumpen waren Ende des 19. Jahrhunderts bei Papierherstellern äußerst beliebt. Lumpensammler zogen umher, um die Papiermühlen mit dem wertvollen Rohstoff zu versorgen. Die alten Ägypter haben Papyrus verwandt, um ihre Hieroglyphen aufzuschreiben. Die Stengel der Sumpfpflanze wurden zunächst flachgeklopft und dann gepreßt. In Indien verwendete man vor langer Zeit Palmblätter, im alten China verkochte man Reste aus der Seidenherstellung und Fischernetze zu Papier. Heute wird Papier aus Zellstoff oder Holz hergestellt.

Ganz gleich, um welches Ausgangsmaterial es sich handelt: Der Rohstoff wird zunächst fein zerkleinert, verkocht und gewässert. Dann werden die Fasern mit dem Sieb abgeschöpft, getrocknet und anschließend gepreßt und geglättet. Papier besteht hauptsächlich aus Zellulosefasern, die in dem breiigen Wasser schwimmen. Bei handgeschöpftem Papier besteht der »Brei« zu 97 Prozent aus Wasser. Dieser Brei wird mit dem Sieb aufgefangen. Dabei muß das Sieb ständig bewegt werden, damit sich die Fasern dicht übereinanderlegen. Das Schöpfsieb hat einen abnehmbaren Rand. Ein einzelnes Blatt ist immer so groß wie das Sieb.

Man kann neues Papier natürlich auch aus altem Papier herstellen. Das Altpapier wird dafür in kleine Stücke zerrissen und dann in heißes Wasser gelegt. Am nächsten Morgen ist die Altpapiermasse pampig wie Brei. Den Schöpfrahmen hatte Opa übrigens selbst gebaut. Er hat einen Holzrahmen gezimmert und kurzerhand ein Moskitonetz zu einem »Sieb« umfunktioniert.

Der dünne Papierbrei schwamm früher übrigens in einem Holzbottich, den man »Bütte« nannte: daher der Name Büttenpapier.

Wie man Seife siedet

Seife kann man ganz leicht selbst herstellen. Sie wird aus pflanzlichen Fetten wie Olivenöl, Kokosfett und Palmöl oder tierischen Fetten wie Rindertalg, Schafsfett und Schweineschmalz hergestellt. Das Fett wird zunächst in der gleichen Menge Wasser gekocht. Nachdem sich die Flüssigkeit abgekühlt hat, kann man das Fett auf der Wasseroberfläche als feste Schicht abheben. Nun löst man ein Pfund Natron in sechs Litern Wasser und gibt sieben Pfund Fett hinzu. Diese Mischung läßt man dann etwa drei Stunden lang köcheln. Bevor die Seifenlauge abkühlt, rührt man ein Pfund Salz in die Lauge. Dadurch wird die flüssige Lauge hart. Nun muß man die Lösung nur noch in die gewünschte Form gießen (zum Beispiel in eine Holzschale, die mit feuchten Tüchern ausgelegt ist). Bevor die flüssige Lauge hart wird, kann man Lavendel, Zitronenmelisse, Rosmarin oder andere Duftstoffe hinzugeben. Mit natürlichen Farbstoffen (zum Beispiel Rote-Bete-Saft) kann man die Seife einfärben. Etwa 24 Stunden später ist die Seife ausgehärtet und kann mit einem Messer oder einer Drahtschlinge in Stücke geschnitten werden. Die Duft- und Farbzusätze dürfen allerdings keinen Alkohol enthalten.

Lieder und Gedichte aus Opas Kinder- und Jugendtagen

Opa ging es als kleinem Jungen wie fast allen kleinen Jungen. Er haßte es, in der Schule Lieder und Gedichte auswendig lernen zu müssen. Nur widerwillig paukte er das Zeug in sich rein. Wenn nicht, dann gab es noch Anfang und gegen Mitte des 20. Jahrhunderts Prügel mit dem Rohrstock vom Lehrer und später ebenso wie heute schlechte Noten. Ja, und später – meist erkennt man erst mit fortgeschrittenem Alter, was man versäumt hat – wäre halt mancher froh gewesen, wenn man ihn zur Kinderzeit gezwungen hätte, mehr Texte auswendig zu lernen.

Auch was widerwillig gemacht wird, hat ja manchmal seinen Sinn. Denn bei allen Opas blieb über die Jahrzehnte und Jahrhunderte hinweg etwas vom auswendig Gelernten hängen. Das sind auch Lieder und Verse, die Mutter dem kleinen Kind vorgesungen hat. So sind diese ganz automatisch im Gedächtnis haftengeblieben. Heute wird von unseren Kindern – abgesehen von den kleinsten in Kindergärten – kaum mehr verlangt, irgend etwas auswendig zu lernen. Weil sich die wenigsten freiwillig daran machen, sich mit – wenn auch einfacher – Lyrik zu beschäftigen, geht so immer mehr Volksgut verloren. Schon das Wort Volksgut ist für manche ein Graus. Klingt es doch altbakken, überholt, ja einfach unmodern.

Doch so wie wir es als selbstverständlich ansehen, historisch wertvolle Schlösser und Burgen und anderes Kulturerbe zu bewahren, so sollten wir auch die früher von Generation zu Generation überlieferten Lieder und Gedichte als Kulturgut ansehen. Aber wie ein Schloß, wie eine Burg oder wie eine prächtige Kirche müssen solche Kulturgüter belebt werden. Und Gedichte sowie Lieder leben nicht alleine in Büchern und Notensammlungen, sondern ganz einfach, indem sie gesungen und aufgesagt werden.

Geben wir doch dieses Kulturgut als lebendiges Erbe an Kinder und Enkel weiter. Und vergessen wir nicht, daß Auswendiglernen eine hervorragende Methode ist, das Gedächtnis zu trainieren. Und wer will schon ein schlechtes Gedächtnis haben?

Weißt du, wieviel Sternlein stehen?

Weißt du, wieviel Sternlein stehen
an dem blauen Himmelszelt?
Weißt du, wieviel Wolken gehen
weithin über alle Welt?
Gott der Herr hat sie gezählet,
daß ihm auch nicht eines fehlet
an der ganzen großen Zahl,
an der ganzen großen Zahl.

Wilhelm Hey (1789–1854)

Nachtgebet (Auszug)

Müde bin ich, geh zur Ruh,
schließe beide Äuglein zu;
Vater, laß die Augen dein
über meinem Bette sein!

Brüderchen, komm tanz mit mir (Auszug)

Brüderchen, komm, tanz mit mir,
beide Hände reich ich dir.
Einmal hin, einmal her,
rundherum, das ist nicht schwer.

Mit den Händchen, klipp, klipp, klapp,
mit den Füßchen, tripp, tripp, trapp!
Einmal hin, einmal her,
rundherum, das ist nicht schwer.

Engelbert Humperdinck (1854–1921)

Es tanzt ein Bi-Ba-Butzemann

Es tanzt ein Bi-Ba-Butzemann
in unserm Haus herum dideldum,
es tanzt ein Bi-Ba-Butzemann
in unserm Haus herum.
Er rüttelt sich, er schüttelt sich,
er wirft sein Säckchen hinter sich.
Er rüttelt sich, er schüttelt sich,
er wirft sein Säckchen hinter sich.
Es tanzt ein Bi-Ba-Butzemann
in unserm Haus herum.

aus: Des Knaben Wunderhorn

Auf einem Baum ein Kuckuck (Auszug)

Auf einem Baum ein Kuckuck –
simsaladim bamba saladu saladim –
auf einem Baum ein Kuckuck saß.

Da kam ein junger Jägers- –
simsaladim bamba saladu saladim –
da kam ein junger Jägersmann.

Der schoß den armen Kuckuck –
simsaladim bamba saladu saladim –
der schoß den armen Kuckuck tot.

Kommt ein Vogel geflogen

Kommt ein Vogel geflogen,
setzt sich nieder auf mein' Fuß,
hat ein' Zettel im Schnabel,
von der Mutter ein' Gruß.

Lieber Vogel, flieg weiter,
bring ein' Gruß mit und ein' Kuß,
denn ich kann dich nicht begleiten,
weil ich hierbleiben muß.

Fuchs, du hast die Gans gestohlen

Fuchs, du hast die Gans gestohlen,
gib sie wieder her,
gib sie wieder her.
Sonst wird dich der Jäger holen
mit dem Schießgewehr.
Sonst wird dich der Jäger holen
mit dem Schießgewehr.

Seine große lange Flinte
schießt auf dich das Schrot,
schießt auf dich das Schrot;
daß dich färbt die rote Tinte,
und dann bist du tot;
daß dich färbt die rote Tinte,
und dann bist du tot.

Liebes Füchslein, laß dir raten,
sei doch nur kein Dieb,
sei doch nur kein Dieb;
nimm, statt mit dem Gänsebraten,
mit der Maus vorlieb;
nimm, statt mit dem Gänsebraten,
mit der Maus vorlieb.

Ernst Anschütz (1780–1861)

Tischgebete

Komm, Herr Jesus,
sei unser Gast
und segne uns,
was du uns bescheret hast.

Alle guten Gaben,
alles, was wir haben,
kommt, o Gott, von dir,
Dank sei dir dafür.

Sommerwanderung

Weites, goldenes Ährenmeer
wogt im Wind auf reifen Stengeln.
Hufbeschlag und Sensendengeln
klingen fern vom Dorfe her.

Warme, düfteschwere Zeit!
Zitternd in der Sonne Gluten
wiegen sich die goldnen Fluten
reif und schon zum Schnitt bereit.

Fremdling, der ich ohne Pfad
suchend pilgere auf Erden,
werd ich reif befunden werden,
wenn auch mir der Schnitter naht?

Hermann Hesse (1877–1962)

Herbstlied

Dies ist ein Herbsttag, wie ich keinen sah!
Die Luft ist still, als atmete man kaum,
und dennoch fallen raschelnd, fern und nah,
die schönsten Früchte ab von jedem Baum.

O stört sie nicht, die Feier der Natur!
Dies ist die Lese, die sie selber hält;
denn heute löst sich von den Zweigen nur,
was vor dem milden Strahl der Sonne fällt.

Friedrich Hebbel (1813–1863)

Ein Winterabend

Wenn der Schnee ans Fenster fällt,
lang die Abendglocke läutet,
vielen ist der Tisch bereitet,
und das Haus ist wohlbestellt.

Mancher auf der Wanderschaft
kommt ans Tor auf dunklen Pfaden.
Golden blüht der Baum der Gnaden
aus der Erde kühlem Saft.

Wanderer, tritt still herein;
Schmerz versteinerte die Schwelle.
Da erglänzt in reiner Helle
auf dem Tische Brot und Wein.

Joseph von Eichendorff (1788–1857)

Die Heimkehr

Ich weiß nicht, was soll es bedeuten,
daß ich so traurig bin;
ein Märchen aus uralten Zeiten,
das kommt mir nicht aus dem Sinn.

Die Luft ist kühl, und es dunkelt,
und ruhig fließt der Rhein;
der Gipfel des Berges funkelt
im Abendsonnenschein.

Die schönste Jungfrau sitzet
dort oben wunderbar,
ihr goldnes Geschmeide blitzet,
sie kämmt ihr goldenes Haar.

Sie kämmt es mit goldenem Kamme
und singt ein Lied dabei;
das hat eine wundersame,
gewaltige Melodei.

Den Schiffer im kleinen Schiffe
ergreift es mit wildem Weh;
er schaut nicht die Felsenriffe,
er schaut nur hinauf in die Höh.

Ich glaube, die Wellen verschlingen
am Ende Schiffer und Kahn;
und das hat mit ihrem Singen
die Lorelei getan.

Heinrich Heine (1797–1856)

Wandern und Feiern

Zwar haßten es fast alle späteren Opas, zur Kinderzeit Gedichte und Verse auswendig zu lernen, und doch verfügten und verfügen viele über ein breites Repertoire an sogenannten Wanderliedern. Die wurden und werden nämlich ganz automatisch gelernt. Meist, wenn gleichaltrige oder etwas ältere Freunde bei passenden Gelegenheiten und der entsprechenden Stimmung dazu solche Lieder anstimmen. Hier einige von Opas beliebtesten Wanderliedern:

Wenn die bunten Fahnen wehen

Wenn die bunten Fahnen wehen,
geht die Fahrt wohl übers Meer.
Woll'n wir ferne Lande sehen,
fällt der Abschied uns nicht schwer.
Leuchtet die Sonne, ziehen die Wolken,
klingen die Lieder weit übers Meer.

Sonnenschein ist unsre Wonne,
wie er lacht am lichten Tag!
Doch es geht auch ohne Sonne,
wenn sie mal nicht scheinen mag.
Blasen die Stürme, brausen die Wellen,
singen wir mit dem Sturm unser Lied.

Hei, die wilden Wandervögel
ziehen wieder durch die Nacht!
Singen ihre alten Lieder,
daß die Welt vom Schlaf erwacht.
Kommt dann der Morgen, sind wir schon weiter,
über die Berge, wer weiß, wohin.

Wo die blauen Gipfel ragen,
lockt so mancher steile Pfad.
Immer vorwärts, ohne Zagen;
bald sind wir dem Ziel genaht!
Schneefelder blinken, schimmern von ferne her,
Lande versinken im Wolkenmeer.

Alfred Zschiesche (1908–1992)

Aus grauer Städte Mauern (Auszug)

Aus grauer Städte Mauern
ziehn wir durch Wald und Feld.
Wer bleibt, der mag versauern,
wir fahren in die Welt.
Refrain:
Hei di hei do, wir fahren,
wir fahren in die Welt.
Hei di hei do, wir fahren,
wir fahren in die Welt.

Der Wald ist uns're Liebe,
der Himmel unser Zelt.
Ob heiter oder trübe,
wir fahren in die Welt.
Refrain

Ein Gruß dem deutschen Walde,
zu dem wir uns gesellt.
Hell klingt's durch Berg und Heide,
wir fahren in die Welt.
Refrain

Volkslied

Das Wandern ist des Müllers Lust

Das Wandern ist des Müllers Lust
Das Wandern
Das muß ein schlechter Müller sein
Dem niemals fiel das Wandern ein
Das Wandern
Das Wandern ....

Vom Wasser haben wir's gelernt
Vom Wasser
ist stets auf Wanderschaft bedacht
Das Wasser
Das Wasser ...

Das sehn wir auch den Rädern an
Den Rädern
Die gar nicht gerne stillesteh'n
und sich bei Tag nicht müde dreh'n
Die Räder
Die Räder ...

Die Steine selbst so schwer sie sind
Die Steine
Sie tanzen mit den muntern Rhein
Und wollen gar noch schneller sein
Die Steine
Die Steine ...

O Wandern, Wandern, meine Lust
O Wandern
Herr Meister und Frau Meisterin
Lasst mit in Frieden weiterziehn
Und wandern
Und wandern ...

Wilhelm Müller (1794–1827)

Im Frühtau zu Berge

Im Frühtau zu Berge wir ziehn,
Falera
Es grünen die Wälder und Höh'n,
Falera
Wir wandern ohne Sorgen
singend in den Morgen,
noch ehe im Tale die Hähne krähen.

Ihr alten und hochweisen Leut',
Falera
Ihr denkt wohl, wir wären nicht gescheit,
Falera
Wer sollte aber singen,
wenn wir schon Grillen fingen
in dieser so herrlichen Frühlingszeit.

Werft ab alle Sorgen und Qual,
Falera
Kommt mit auf die Höhen aus dem Tal,
Falera
Wir sind hinausgegangen,
den Sonnenschein zu fangen.
Kommt mit und versucht es doch selbst einmal.

Walther Hensel (1887–1956)

Wem Gott will rechte Gunst erweisen

Wem Gott will rechte Gunst erweisen,
den schickt er in die weite Welt;
dem will er seine Wunder weisen
in Berg und Wald und Strom und Feld.

Die Trägen, die zu Hause liegen,
erquicket nicht das Morgenrot,
sie wissen nur von Kinderwiegen,
von Sorgen, Last und Not um Brot.

Die Bächlein von den Bergen springen,
die Lerchen schwirren hoch vor Lust,
was sollt ich nicht mit ihnen singen
aus voller Kehl' und frischer Brust.

Den lieben Gott laß ich nur walten;
der Bächlein, Lerchen, Wald und Feld
und Erd und Himmel will erhalten,
hat auch mein Sach aufs best' bestellt!

Joseph von Eichendorff (1788–1857)

Wenn Opa das Tanzbein schwingt

Eigentlich geht es allen so; kommt ein bestimmtes Lied – heute sagt man »Song« dazu – im Radio oder im Fernsehen, werden Erinnerungen wach; Erinnerungen an die Jugendzeit, an bestimmte Situationen, Ereignisse oder einfach an Gefühle und Stimmungen, die tief im Gedächtnis verwurzelt sind. Es sind Lieder, die für einen bestimmten Abschnitt – und sei er auch noch so klein – des eigenen Lebens stehen und so ein Teil von diesem geworden sind. Oft denkt man gar nicht mehr daran, hat das Lied, die Melodie lange schon nicht mehr gehört und beinahe vergessen. Doch dann macht es schon beim ersten Wiederhören »klick«, und ganze Erlebnisse – meist sind es schöne Begebenheiten – werden wieder wachgerufen. Bei der heutigen Flut von Musikproduktionen ist es natürlich viel schwieriger, daß sich sogenannte Ohrwürmer – was für ein unsägliches Wort – entwikkeln, die nicht nur persönliche Erlebnisse markieren, sondern für die Stimmungen und das gesellschaftliche Umfeld einer ganzen Generation stehen.

Und so hat jeder Opa, jeder Uropa seine ganz eigenen Lieblingshits aus der Jugendzeit. Und manchmal kommen über die Musik Alt und Jung zusammen. So etwa mit Hits der Beatles, die bei den jüngeren Opas genauso beliebt sind wie bei den älteren, welche die Pilzköpfe – wie man die Gruppe aus Liverpool nannte – manche noch live erlebt haben. Und bei manchem Konzert von Rockveteranen wie den Rolling Stones singen alte und junge Opas und Jugendliche, die erst in vielen Jahren vielleicht mal Opa werden, die Hits Schulter an Schulter mit. Manch ganz altes Lied, das Urgroßvater früher begeisterte und nahezu vergessen ist, weil die Fangemeinde von damals längst weggestorben ist, erlebt vielleicht eine Renaissance. Dann nämlich, wenn die Hitschreiber und Interpreten von heute Produktionen von damals entdecken und diesen digital aufgemotzt zu neuer Popularität verhelfen. Manch Junger weiß dann gar nicht, daß alles bei Opa schon mal da war.

Hier eine Hitparaden-Auswahl aus fünf Jahrzehnten:

Die ausgelassenen 30er

In den 30er Jahren wünschten sich gleich mehrere Interpreten ausgelassen: »Ich wollt', ich wär ein Huhn«: Die Goldene Sieben, das Meistersextett und sogar Willy Fritsch wollten lieber täglich ein Ei legen, als viel zu tun. Und unsere Großväter und Urgroßväter sangen fröhlich mit. Das Lied mit dem Huhn war ihr Humor, der Witz der 30er. Der Erste Weltkrieg war vorbei (1914–1918), der Zweite noch weit entfernt. Es durfte also gesungen und gelacht werden. Die Frauen zogen die Küchenkittel aus und gaben sich auf einmal aufregend und keck: Marlene Dietrich war »von Kopf bis Fuß auf Liebe eingestellt«, und Siegfried Arno schwärmte: »Wenn die Elisabeth nicht so schöne Beine hätt'.« Opas Hits waren unbeschwert und ein bißchen kindlich-naiv.

Comedian Harmonists
- Wochenend und Sonnenschein
- Ein Freund, ein guter Freund
- Veronika, der Lenz ist da
- Das ist die Liebe der Matrosen
- Mein kleiner grüner Kaktus

Marlene Dietrich
- Ich bin die fesche Lola
- Nimm dich in acht vor blonden Frauen

Lilian Harvey
- Liebling, mein Herz läßt dich grüßen
- Das gibt's nur einmal
- Irgendwo auf der Welt
- Ich tanze mit dir in den Himmel hinein

Liane Haid
- Adieu, mein kleiner Gardeoffizier

Paul Hörbiger
- Das muß ein Stück vom Himmel sein

Hans Albers
- Komm auf die Schaukel, Luise
- Auf der Reeperbahn nachts um halb eins
- Goodbye, Johnny!

Heinz Rühmann
- Wozu ist die Straße da
- Jawohl, meine Herren (mit Hans Albers)
- Ich brech' die Herzen der stolzesten Frau'n
- Das kann doch einen See- mann nicht erschüttern

Marika Rökk
- Lieder, die uns der Zigeuner spielt
- Musik, Musik, Musik (mit Johannes Heesters)

Zarah Leander
- Ich steh' im Regen
- Merci Mon Ami
- Yes, Sir
- Eine Frau wird erst schön durch die Liebe
- Kann denn Liebe Sünde sein
- Nur nicht aus Liebe weinen

Rudi Schuricke
- Laß die Frau, die dich liebt, niemals weinen
- Eine Insel aus Träumen geboren

Opas Hits der 40er Jahre

Die Bomben fielen, und Zarah Leander sang unverdrossen »Davon geht die Welt nicht unter« und verbreitete 1942 sogar musikalischen Trost mit ihrem Lied »Ich weiß, es wird einmal ein Wunder gescheh'n«. Viele Millionen Tote später stöhnte Jupp Schmitz Ende der 40er Jahre: »Wer soll das bezahlen?«. Niemand hatte viel »Pinke-Pinke-Geld«, aber jetzt nach 1945 und dem Schrecken des Zweiten Weltkriegs wollte man positiv in die Zukunft und auch wieder freundlich über die Ländergrenzen schauen: Rudi Schuricke blickte sehnsuchtsvoll hinterher, wenn die »Capri-Fischer« aufs Meer hinausfuhren. Goldy & Peter De Vries kamen »Von den blauen Bergen« geritten, und Anton Karas ließ den »Dritten Mann« in der Wiener Kanalisation abtauchen. Als der Krieg endlich vorbei war, gingen Les Brown &

His Orchestra auf eine »Sentimental Journey«. Es ging langsam bergauf.

Lale Andersen
- Lili Marleen
- Es geht alles vorüber, es geht alles vorbei

Hans Moser
- Ich trag im Herzen drin
- Die Reblaus

Ilse Werner
- Du und ich im Mondenschein
- Sing ein Lied, wenn du mal traurig bist
- So wird's nie wieder sein
- Wir machen Musik

Johannes Heesters
- Man müßte Klavier spielen können

- Das kommt mir spanisch vor
- Tausendmal möcht' ich dich küssen

Wilhelm Strienz
- Heimat, deine Sterne

Evelyn Künneke
- Haben Sie schon mal im Dunkeln geküßt?
- Das Karussell

Bully Buhlan
- Räuberballade
- Wunschballade

Bing Crosby
- Swinging On A Star

Die 50er Jahre

Es war die Zeit des Wirtschaftswunders. Zarah Leander sang »Wunderbar«, und musikalisch wurde man immer weltoffener: Bruce Low erzählte vom »alten Haus von Rocky Docky«, das Orchester Ambros Seelos spielte das »Chanson d'amour«, und Bill Haley & His Comets machte »Rock Around The Clock«. Opas Hits waren textlich eine Mischung aus Liebe, Sehnsucht und Fernweh. Es war die Zeit der ersten richtigen Showstars. Caterina Valente, Chris Howland und Vico Torriani brachten eine Prise Internationalität in die Hitparaden.

Conny (Froboess)
- Pack die Badehose ein

Peter Alexander
- Das machen nur die Beine von Dolores
- Auf der Piazza von Milano
- Ein bißchen mehr
- Ich weiß, was dir fehlt

Caterina Valente
- Ganz Paris träumt von der Liebe
- Es ist so schön bei dir
- Sing, Baby, sing (mit Peter Alexander)
- Tipitipitipso
- Wo meine Sonne scheint
- Spiel noch einmal für mich
- Tschau, tschau, Bambina

Freddy
- Heimweh
- Sie hieß Mary Anne
- Heimatlos
- Wer das vergißt
- Schön war die Zeit

Vico Torriani
- Grüß mir die Damen
- Siebenmal in der Woche
- Ananas aus Caracas

Peter Kraus
- Hula Baby
- Mit 17
- O Baby, mach dich schön
- Sugar Baby

Chris Howland
- Fräulein
- Das hab' ich in Paris gelernt

Die 60er Jahre

Während Peter Alexander täglich brav seine Sorgen zählte und Vico Torriani ein bißchen Erdkundeunterricht in die Hitparaden brachte (»Kalkutta liegt am Ganges«), eroberte die englische Sprache allmählich die Hitparaden. Die Beatles, Stones & Co. spielten sich – oft sehr zum Verdruß der Eltern unserer Großeltern – in die Herzen der 60er-Generation. Man träumte mit Scott McKenzie von »San Francisco«, und wenn es um die Mädels ging, ließ Opa gern die Rolling Stones sprechen (»Let's Spend The Night Together«). Ein Amerikaner namens Elvis kam als Soldat und ging als Freund.

Connie Francis
- Die Liebe ist ein seltsames Spiel
- Schöner fremder Mann

Conny (Froboess)
- Lady Sunshine und Mr. Moon
- Zwei kleine Italiener

Elvis Presley
- O sole mio
- Muß i denn
- Bist du einsam heut nacht
- Good Luck Charm
- In the Ghetto

Gus Backus
- Der Mann im Mond
- Da sprach der alte Häuptling

Heidi Brühl
- Wir wollen niemals auseinandergehn

Lolita
- Seemann, deine Heimat ist das Meer

Bill Ramsey
- Zuckerpuppe

Hildegard Knef
- Für mich soll's rote Rosen regnen
- Eins und eins, das macht zwei

Nana Mouskouri
- Weiße Rosen aus Athen
- Einmal weht der Südwind wieder

Bernd Spier
- Das kannst du mir nicht verbieten
- Memphis Tennessee

Manuela
- Schwimmen lernt man im See
- Küsse unterm Regenbogen

Ronny
- Oh my Darling Caroline
- Eine kleine Träne

The Beatles
- A Hard Day's Night
- I Want to Hold Your Hand
- Help
- Yellow Submarine
- Paperback Writer
- Michelle
- All You Need Is Love

The Beach Boys
- Barbara Ann
- Good Vibrations

Cliff Richard
- Es war keine so wunderbar wie du
- Das ist die Frage aller Fragen

Drafi Deutscher
- Heute male ich dein Bild, Cindy Lou
- Nimm mich so, wie ich bin

Roy Black
- Du bist nicht allein
- Leg dein Herz in meine Hände
- Ganz in Weiß

Peggy March
- Mit siebzehn hat man noch Träume

The Rolling Stones
- Satisfaction
- Paint it Black
- Get Off Of My Cloud

Udo Jürgens
- Siebzehn Jahr, blondes Haar
- Merci, Cherie

Meine Lieblingslieder und -gedichte

Weisheiten des Lebens –
Opas kluge Sprüche

Großvater hatte immer einen flotten Spruch auf den Lippen. Wenn der Schlüssel im Schloß klemmte, zitierte er die Zauberformel aus Ali Baba und die vierzig Räuber und sagte: Sesam, öffne dich! Großmutter fand seine Sprüche nicht immer lustig. Wenn sie redselig plauderte und schwatzte, jammerte er hinter vorgehaltener Hand: Ja, ja! Ein Mann, ein Wort – eine Frau, ein Wörterbuch.

Im Streit sagte er einmal zu Oma: Der Hauptgrund für Scheidungen sind Hochzeiten! Oma war beleidigt, und Opa entschuldigte sich kleinlaut, indem er sich hinter dem Absender des Zitates versteckte. Es war Robert Lembke, der diesen Satz gesagt haben soll. Und Oma mochte Lembke wegen der Quizsendung »Heiteres Berufeaten«. Sie hat Opa und Lembke den kessen Spruch verziehen. Opas Sprüche über Frauen waren nach heutigen Kriterien nicht »political correct«. Gern benutzt er im Kreis seiner Freunde eine italienische Redensart, die da sagt: Frauen sagen immer die Wahrheit – aber selten die ganze. Unsere Großeltern haben sich oft gegenseitig augenzwinkernd liebevoll aufgezogen. Mit Verdis Worten aus Rigoletto – »Ach wie so trügerisch sind Weiberherzen« – drückte Opa eigentlich nur seine Verehrung zu Oma aus.

Und mit einem Seitenblick auf uns Kinder stöhnte er theatralisch: »Vater werden ist nicht schwer, Vater sein dagegen sehr …« Wilhelm Busch wurde von Großvater gern zitiert. Unsere Ungeschicklichkeit und Dummheit beschrieb er gern mit den Worten: »Unnütze Händ' melken die Ochsen!« Und wenn wir wieder einmal nicht hören wollten, kam er uns mit Lessings Emilia Galotti und sagte leicht beleidigt: »Tu, was du nicht lassen kannst.« Unsere Freunde wurden mit Goethes Worten an die

Wand genagelt, die da lauteten: »Sage mir, mit wem du umgehst, so sage ich dir, wer du bist.« Doch am liebsten war ihm der Spruch von Schiller aus Wilhelm Tell: »Früh übt sich, was ein Meister werden will!«

Großvater nahm nie ein Blatt vor den Mund. Seine Sprüche waren oft deftig. Wir Kinder mochten das gern. Er meinte: Selbst ist der Mann, wenn er Hammer und Nagel in die Hand nahm, um kleinere Reparaturen durchzuführen.

Als er uns erwischte, wie wir heimlich im Gartenhäuschen rauchten, sagte er: »Rauche nie im Bett – die Asche, die herunterfällt, könnte deine sein!« Doch Großvater war klug, drückte viel Lebensweisheit und Erfahrung mit Hilfe von Redensarten und Zitaten aus.

Opas Werte in Worten

Über die Arbeit

Arbeit schändet nicht, die Trägheit entehrt uns. *(Hesiod)*

Wenn gute Reden sie begleiten / Dann fließt die Arbeit munter fort. *(Schiller, Das Lied von der Glocke)*

Nur in der Arbeit wohnt der Frieden. *(Theodor Fontane)*

Arbeitsschweiß an Händen hat mehr Ehre als ein goldener Ring am Finger. *(Sprichwort)*

Wo gehobelt wird, fallen Späne. *(Volksmund)*

Man muß sich die Sporen erst verdienen. *(Volksmund)*

Von der Stirne heiß / Rinnen muß der Schweiß. *(Schiller, Lied von der Glocke)*

Früh übt sich, was ein Meister werden will. *(Schiller, Wilhelm Tell)*

Am Werk erkennt man den Meister. *(Jean de Lafontaine)*

Wer nicht Meister sein will, muß eben Gesell bleiben und Vorgesetzte haben ein Leben lang. *(Gottfried Keller)*

Wenn man die Sau sattelt, wird kein Reitpferd daraus. *(Volksmund)*

Gebratene Tauben, die fliegen einem nicht ins Maul. *(Redensart)*

Steter Tropfen höhlt den Stein. *(Ovid)*
Übung macht den Meister. *(Volksmund)*
Mit vereinten Kräften. *(Wahlspruch von Kaiser Franz Joseph I.)*

Über Humor

Ein Späßchen zur Zeit hat niemand gereut. *(Volksmund)*
Ein bißchen zu spät ist viel zu spät. *(Volksmund)*
Man stirbt nur einmal und für so lange. *(Molière)*
Das Vergnügen ist so nötig wie die Arbeit. *(Gotthold Ephraim Lessing)*
Der Mensch vermag unendlich viel, wenn er nur will. *(Heinrich Pestalozzi)*

Über das Leben

Arme Leute schenken gern. *(Marie von Ebner-Eschenbach)*
Die ich rief, die Geister, werd' ich nun nicht los! *(Goethe, Zauberlehrling)*
Alles Vergängliche/Ist nur ein Gleichnis. *(Goethe, Faust)*
Der Krieg ist schrecklich wie des Himmels Plagen. *(Schiller, Wallensteins Tod)*
Das Maß aller Dinge ist der Mensch. *(Aristoteles)*
Aus Mäßigkeit entspringt ein reines Glück. *(Goethe)*
Was ist der langen Rede kurzer Sinn? *(Schiller)*
Es spielen sich eher zehn arm als einer reich. *(Christoph Lehmann)*
Iß, was gar ist; trink, was klar ist; sprich, was wahr ist. *(Volksmund)*
Der Apfel fällt nicht weit vom Stamm. *(Volksmund)*
Wer hoch steigt, fällt tief. *(Volksmund)*
Bei gutem Wetter kann jeder Steuermann sein. *(Volksmund)*
Torheit und Stolz wachsen auf einem Holz. *(Volksmund)*
Wer immer strebend sich bemüht, den können wir erlösen. *(Goethe, Faust)*
Es ist noch nicht aller Tage Abend. *(Livius)*
Alles in der Welt läßt sich ertragen, nur nicht eine Reihe von schönen Tagen. *(Goethe)*

Tand, Tand ist das Gebilde von Menschenhand. *(Theodor Fontane)*

Der bessere Teil der Tapferkeit ist die Vorsicht. *(Shakespeare, König Heinrich IV.)*

Der Worte sind genug gewechselt, laßt mich endlich Taten sehen. *(Goethe, Faust)*

Der Mensch wird schließlich mangelhaft, die Locke wird dahingerafft. *(Wilhelm Busch)*

Ein edler Mensch zieht edle Menschen an und weiß sie festzuhalten. *(Goethe)*

Auf die bösen Menschen ist Verlaß; sie ändern sich wenigstens nicht. *(William Faulkner)*

Rache ist süß, aber man verdirbt sich leicht den Magen. *(Volksmund)*

Durch Schaden wird man klug. *(Volksmund)*

Zu Gott hinken die Leute, zum Teufel laufen sie. *(Redensart)*

Was tun? spricht Zeus. *(Schiller)*

Wenn jeder vor seiner Tür fegt, wird es überall sauber. *(Volksmund)*

In Fleisch und Blut übergehen. *(Cicero)*

Dreimal umziehen ist so gut wie einmal abgebrannt. *(Benjamin Franklin)*

Unaufhaltsam enteilt die Zeit. *(Schiller)*

Nicht jede Wolke erzeugt ein Ungewitter. *(Shakespeare, König Heinrich VI.)*

Das Universum ist ein Gedanke Gottes. *(Schiller)*

Als ich das Vaterland verloren hatte, fand ich es im Herzen wieder. *(Heinrich Heine)*

Man bleibt nur gut, wenn man vergißt. *(Friedrich Nietzsche)*

Ein Tor erkennt, was er in Händen hielt, als trefflich erst, wenn es verloren ist. *(Sophokles)*

Wer die Wahl hat, hat die Qual. *(Volksmund)*

Wahrheit gibt kurz Bescheid, Lüge macht viel Redens. *(Volksmund)*

Über den Umgang mit anderen

Fordere viel von dir selbst und erwarte wenig von anderen. *(Konfuzius)*

Du sprichst ein großes Wort gelassen aus. *(Goethe, Iphigenie)*

Die Botschaft hör ich wohl, allein mir fehlt der Glaube. *(Goethe, Faust)*

Gläubiger haben ein besseres Gedächtnis als Schuldner. *(Benjamin Franklin)*

Zuviel Wert auf die Meinung anderer zu legen ist ein allgemein herrschender Irrwahn. *(Arthur Schopenhauer)*

Je größer der Mann, um so geringer der Stolz. *(Friedrich Hebbel)*

Wer den Schaden hat, braucht für den Spott nicht zu sorgen. *(Volksmund)*

In der Not frißt der Teufel Fliegen. *(Volksmund)*

Der Ton macht die Musik. *(Französisches Sprichwort)*

Dem traue nie, der einmal Treue brach. *(Shakespeare, König Heinrich VI.)*

Übermut tut selten gut. *(Volksmund)*

Der kluge Mann baut vor. *(Schiller, Wilhelm Tell)*

Wer nichts wagt, der darf nichts hoffen. *(Schiller, Wallensteins Lager)*

Zu Glück und Unglück

Ungleich verteilt sind des Lebens Güter. *(Schiller)*

Frei von Unglück ist niemand. *(Sophokles)*

Wer Unglück haben soll, stolpert im Grase, fällt auf den Rücken und bricht sich die Nase. *(Volksmund)*

Ein Unglück kommt selten allein. *(Volksmund)*

Hänge dein Herz an kein vergänglich Ding. *(Matthias Claudius)*

Alles Vergängliche ist nur ein Gleichnis. *(Goethe, Faust)*

Wer siegen lernt in Niederlagen, wird auch das Glück des Siegs ertragen. *(Emanuel Geibel)*

Über Essen, Trinken und Genuß

Er lebt wie Gott in Frankreich. *(Schiller, Die Räuber)*

Mein Magen hat wenig Sinn für Unsterblichkeit. *(Heinrich Heine)*

Tabak ist ein edles Kraut, ob man's raucht, schnupft oder kaut. *(Alter Spruch)*

Wer allzeit säuft und allzeit schlemmt, behält zuletzt kein ganzes Hemd. *(Volksmund)*

Über die Männer

Der Mann soll zu allen Tagen im Haus die Hosen tragen.

Der Mann muß hinaus ins feindliche Leben. *(Schiller, Lied von der Glocke)*

Der kluge Mann baut vor. *(Schiller, Wilhelm Tell)*

Was ist der langen Rede kurzer Sinn? *(Schiller)*

Nur ein verzweifelter Spieler setzt alles auf einen einzigen Wurf. *(Schiller, Kabale und Liebe)*

Wat den eenen sin Uhl', is den annern sin Nachtigall. *(Fritz Reuter)*

Über die Frauen

Weibern und dem Spiel zulieb wurde mancher Mann ein Dieb. *(Volksmund)*

Ja, das Studium der Weiber ist schwer. *(Franz Lehár, Die lustige Witwe)*

Latein für Wichtigtuer

»Manchmal muß man sich eben auch ein bißchen wichtig machen«, betonte Großvater mit süffisantem Lächeln. »Latein kommt gut«, fügte er dann immer hinzu und grinste verschmitzt. Dabei hatte Großvater auf einem neusprachlichen Gymnasium sein Abitur gemacht. Er sprach perfekt Englisch, sein Französisch reichte für den Hausgebrauch, aber Latein hat Opa in der

Schule nicht gehabt. Doch er eignete sich im Laufe seines Lebens eine Art »Angeber-Latein« an. »Wenn es drauf ankommt, muß ein Mann bluffen können«, sagte er zu uns. Er sprach vom »Advocatus diaboli«, dem Anwalt des Teufels, wenn er einen bösen Gegner beschrieb. Wir waren mit Opa »per pedes« unterwegs, wenn es zu Fuß irgendwo hinging, und auf die Frage »Quo vadis?« verrieten wir brav, daß wir ins Kino wollten. Ein Gläschen Wein entschuldigte Großvater mit den Worten »in vino veritas« und unseren besten Freund nannte er »Intimus«. Im Lateinunterricht hatten wir dank Großvaters flotter Sprüche später keine Angst vor der Sprache und bekamen gute Noten. Auch wenn sich hin und wieder ein »Lapsus« in die Klassenarbeit schlich.

Opas beliebtes Angeber-Latein

errare humanum est = irren ist menschlich
ad acta = zu den Akten legen
persona non grata = ein Mensch, der nicht willkommen ist
in dubio pro reo = im Zweifel für den Angeklagten
modus vivendi = Kompromiß
cogito, ergo sum = ich denke, also bin ich
stante pede = sofort (stehenden Fußes)
casus belli = im Kriegsfall
honoris causa = ehrenhalber (der Ehre wegen)
ex officio = offiziell
ad absurdum = etwas völlig unmöglich machen
a priori = bevorzugt
ergo = folglich
lapsus = Fehler
per pedes = zu Fuß
pro forma = der Form halber
absolvo te = ich vergebe dir
intimus = Vertrauter
ad meliorem = auf bessere Zeiten
alea iacta est = der Würfel ist gefallen
in vino veritas = im Wein liegt die Wahrheit
summa cum laude = mit höchstem Lob
fac totum = tue alles
terra incognita = unbekanntes Land

quo vadis? = wohin gehst du?

coram publico = in aller Öffentlichkeit

corpus delicti = Gegenstand des Vergehens

viribus unitis = mit vereinten Kräften

pacta sunt servanda = Verträge müssen eingehalten werden

ora et labora = bete und arbeite

divide et impera = teile und herrsche

ardua prima via est = aller Anfang ist schwer

ave, Caesar, morituri te salutant = die Todgeweihten grüßen dich, Cäsar

audi multa, loquere pauca = höre viel, sprich wenig

advocatus diaboli = Anwalt des Teufels

✐ Meine Lieblingslieder und -gedichte

Was der guten Ordnung dient

Maße und Gewichte

Die Begeisterung ist groß, voller Freude erzählt uns ein guter Freund, daß er sich einen eigenen Weinberg gekauft habe. Wie groß denn die Rebfläche sei, wollen wir wissen. »Eineinhalb Hektar«, sagt Norbert. Ja, eineinhalb Hektar, wieviel Quadratmeter sind denn das? Und schon geht die Diskussion los, wieviel Ar denn ein Hektar hat und wie viel Quadratmeter ein Ar. Und überhaupt, wie groß das Ganze sein könnte, wie viele Trauben man ernten könne und was eine Tonne ist.

Geht es Ihnen nicht auch oft so? Man hört eine Zahl, eine Maßeinheit und kann oft gar nicht richtig einordnen, was da letztlich gemeint ist. Es fehlt die Vorstellung über Größen- und Gewichtsverhältnisse. Nun verändern sich mit den Zeiten auch immer wieder die Maßeinheiten. So wurde teilweise noch Ende des 19., Anfang des 20. Jahrhunderts die Größe einer landwirtschaftlichen Fläche in mancher Gegend mit Tagwerken angegeben. Ein Tagwerk entsprach der Fläche, welche an einem Tag bearbeitet werden konnte. Sicherlich hing es auch davon ab, wer wie schnell und wie gründlich arbeitete. Aber das ist ein anderes Thema. Dann gab es Zeiten – und diese sind noch gar nicht so lange her –, da wurden größere Grundstücksflächen in Morgen angegeben. Nicht alle Begriffe, nicht alle Maßeinheiten, über die sich die Großväter vergangener Zeiten mit anderen verständigen konnten, helfen uns heute weiter. Und doch ist es gut, Bescheid zu wissen. Über die heute gebräuchlichen Maße und Gewichte sowieso; aber auch über die früheren Bezeichnungen. Wer etwa in alten Büchern herumstöbert, begreift so manchen Text, so manchen Zusammenhang ganz einfach besser. Und wer weiß, vielleicht besaß ja der Opa irgendwo ein paar Morgen Land, und man hat es noch gar nicht gemerkt, und es wäre ganz gut zu wissen, um wieviel Fläche es sich überhaupt handelt.

Doch viele alte Begriffe sind nicht einheitlich, und wir müssen uns teilweise damit abfinden, daß manches alte Alltagswissen nur noch bei Historikern, Volkskundlern sowie in Heimatmuseen und Bibliotheken bewahrt wird. So waren die Scheffel, mit denen man früher die Menge des Getreides angegeben hat, in verschiedenen Gegenden unterschiedlich bemessen. »Scheffel« steht übrigens für »Hohlmaß«; ein Begriff, der bis in das 8. Jahrhundert zurückgeht und sich aus »Schaff« (was wiederum mit Schaffen zu tun hat) ableitet. Damit wurden vor allem Schöpf- und Wassergefäße bezeichnet. Das »Scheffel« ist eine Weiterbildung des »Schaff« und bedeutet eigentlich »kleines Schaff«. Dabei war der Scheffel gar nicht so klein. Es handelte sich eigentlich um ein relativ großes Maß. In manchem Volkskundemuseum kann man alte Scheffel bestaunen; sie konnten je nach regionaler Ausprägung zwischen 50 und 200 Liter umfassen. Hätten sich also früher Bauern von weit entfernten Gegenden über einen Scheffel unterhalten, so wären sie von ganz unterschiedlichen Maßeinheiten ausgegangen. Und der eine hätte sich gewundert, warum der Acker des anderen so viele Scheffel Weizen hergibt. Und so ist an der guten alten Zeit doch nicht immer alles so optimal. Wo würden wir heute in der globalisierten Welt hinkommen, wenn wir keine einheitlichen Maßeinheiten hätten. Es macht ja schon genug Schwierigkeiten, wenn man in den USA oder in Großbritannien von Inch, Fuß und Meilen redet. Zurück zum Scheffel. Vom Scheffel kommt übrigens auch der Begriff »scheffeln«, den wir oft gebrauchen, wenn wir beschreiben wollen, daß jemand große Mengen Geld »scheffelt«.

Räumliche Maßeinheiten

Der Meter geht auf ungefähr den zehnmillionsten Teil des kürzesten Bogens von einem Pol zum Äquator zurück (Erdmeridianquadrant). Genau entspricht dieser Abstand zwei Strichen auf dem Pariser Urmeter; dieser besteht aus 90 Prozent Platin und 10 Prozent Iridium. Die Einführung einer neuen Maßeinheit wurde schon während der Zeit von Ludwig XVI. beschlossen; jedoch als neue Längeneinheit erst während der Französischen Revolution festgelegt. 1795 beschloß die französische Nationalversammlung, daß der zehnmillionste Teil des durch die Pariser Sternwarte gehenden Erdmeridianquadranten als Maßeinheit gilt. Dies erforderte natürlich die Vermessung dieses Meridians, was von den Astronomen Jean-Baptiste Delambre und Pierre Méchain vorgenommen wurde. Beide Wissenschaftler brauchten sieben Jahre und eine Vielzahl geodätischer und astronomischer Berechnungen und Beobachtungen.

Metrische Längenmaße

1 Meter = 100 Zentimeter = 1000 Millimeter
1 Dezimeter (dm) = $\frac{1}{10}$ Meter
1 Zentimeter (cm) = $\frac{1}{10}$ dm
1 Millimeter (mm) = $\frac{1}{10}$ cm
1 Dekameter = 10 Meter
1 Hektometer = 100 Meter
1 Kilometer = 1000 Meter

Nichtmetrische Längenmaße

Geographische Meile (neue Maßeinheit) = $\frac{1}{15}$ Äquatorgrad = 7420 Meter
Englische Meile = 1760 Yards = 1609,35 Meter
Internationale Seemeile = 1852 Meter
Englisches Yard = 3 Feet mit je 12 Inches = 91,4 cm
Englischer Zoll = 2,54 cm
Englischer Fuß = 0,3048 Meter
Österreichischer Fuß = 0,316 Meter
Österreichische Rute = 3,793 Meter
Schweizerische Rute = 3,0 Meter
Württembergische Rute = 2,865 Meter
Oldenburgische Rute = 5,326 Meter
Englischer Faden = 1,8288 Meter

Metrische Flächenmaße

1 Quadratmeter: 1 Meter × 1 Meter = (10 000 cm²)
1 Ar = 100 Quadratmeter
1 Hektar = 100 Ar = 0,01 Quadratkilometer = 10 000 Quadratmeter
1 Hektar = 3,916 preußische Morgen (Im Althochdeutschen so viel Land, wie ein Gespann an einem Morgen pflügen konnte)
1 Quadratkilometer = 100 Hektar = 10 000 Ar = 1 000 000 Quadratmeter

Nichtmetrische Flächenmaße

Scheffel als Ackermaß = 22,67 Ar

Preußischer Morgen = 180 Quadratruten (14,185 Quadratmeter) = 0,255 Hektar

Geographische Quadratmeile = 55,06 Quadratkilometer

Deutsche Quadratmeile = 56,25 Quadratkilometer

Österreichisch e Quadratmeile = 10 000 Joch = 57,554 Quadratkilometer

Englischer Acre = 160 Squareroads = 4046,7 Quadratmeter

US-amerikanischer Acre = 4840 Squareyards = 4047 Quadratmeter

Österreichisches Joch = 1600 Quadratklafter = 57,55 Ar = 5755,4 Quadratmeter

Metrische Körpermaße

Kubikmeter = 1 000 000 Kubikzentimeter (man nennt den Kubikmeter auch Festmeter bzw. Raummeter)

Kubikmeter = m^3 oder cbm

Kubikdezimeter = dm^3 oder cdm

Kubikzentimeter = cm^3 oder ccm

Kubikmillimeter = mm^3 oder cmm

1 m^3 = 1000 cdm^3 = 1 000 000 cm^3

1 cdm^3 = 1000 dm^3

1 ccm^3 = 1000 cm^3

Nichtmetrische Körpermaße

1 Klafter (wurde früher als Raumeinheit für Brennholz verwendet) entspricht 3,386 m^3

Metrische Hohlmaße

Die Einheit wird durch das Liter gebildet, das dem Raum von 1000 cm^3 bzw. 1 cdm^3 entspricht.

1 Hektoliter = 100 Liter

10 Hektoliter = 1000 Liter = 1 m^3

1 Hektoliter = 1,81 preußische Scheffel = 87,3 Quart = 100 Liter

Nichtmetrische Hohlmaße

1 Scheffel (preußisches Getreidemaß) = 16 Metzen = 48 Quart = 54,96 Liter
1 Tonne = 4 Scheffel = 2,198 Hektoliter
1 Oxhoft = 1,5 Ohm = 3 Eimer = 6 Anker = 180 Quart = 206,1 Liter
1 Fuder = 4 Oxhoft = 824,4 Liter
1 Bayerisches Maß = 1,069 Liter
1 Schweizer Maß = 1,5 Liter
1 Wiener Seidel = 0,354 Liter
1 Wiener Krügel = 0,530 Liter
1 Wiener Maß = 1,415 Liter
1 Württembergischer Schoppen = 0,5 Liter
1 Wiener Eimer = 40 Maß = 0,566 Hektoliter
1 Getreide-Gallon (USA) = 4,41 Liter
1 englische Flüssigkeits-Gallon = 4,55 Liter
1 US-amer. Flüssigkeits-Gallon = 3,79 Liter
1 Englisches Trocken-Barrel = 1,637 Hektoliter
1 US-amer. Trocken-Barrel = 1,192 Hektoliter
1 Englisches Flüssigkeits-Barrel = 1,635 Hektoliter
1 US-amer. Flüssigkeits-Barrel = 1,588 Hektoliter

Metrische Gewichte

Die Grundeinheit wird durch das Gramm gebildet. Ein Gramm entspricht dem Gewicht eines cm^3 destillierten Wassers in einem luftleeren Raum bei 4 Grad Celsius. Und so ist ein Kilogramm das Gewicht eines Liters Wasser. Nachdem dies jedoch keine exakte Angabe ist, die für genaue wissenschaftliche Untersuchungen herangezogen werden kann, wurde das sogenannte »Pariser Urkilogramm« hergestellt. Es besteht wie auch der Urmeter aus 90 Prozent Platin und 10 Prozent Iridium. Ein Gramm ist dabei der tausendste Teil der Masse des Pariser Urkilogramms. Als international gültige Gewichtseinheit wurde auch das Pond (p) festgelegt.
1 Tonne = 1000 Kilogramm
1 Kilogramm = 1000 Gramm
1 Gramm = 1000 Milligramm

1 Hektogramm = 100 Gramm

1 Karat = 0,205 Gramm (Karat geht ursprünglich auf das getrocknete Samenkorn des Johannisbrotbaumes zurück). Die Bezeichnung stammt aus dem Französischen und geht auf das italienische *carato* und dieses wiederum auf das arabische *qirat* zurück. Letzteres kommt aus dem Griechischen *kerateon*, was letztlich Hörnchen bedeutet. Denn die Samen des Johannisbrotbaumes wurden einst im alten Griechenland nach ihrer Form als »Hörnchen« bezeichnet. Nachdem die Samen immer gleich groß sind, nahm man sie als Maßeinheit zum Wiegen von Gold, Diamanten und Juwelen.

1 Unze = 28,349 Gramm

1 Zentner = 50 Kilogramm = 100 Pfund

1 Doppelzentner = 2 Zentner = 100 Kilogramm = 200 Pfund

1 Meterzentner (Bezeichnung in Österreich und der Schweiz für Doppelzentner) = 100 Kilogramm

1 Englisches Pfund = 0,453 Kilogramm

Brutto- und Nettoregistertonnen

Der Rauminhalt eines Schiffes wird in Brutto- und Netto-Registertonnen angegeben. Eine Brutto-Registertonne (BRT) entspricht dem gesamten Hohlraum des Schiffes. Die Netto-Registertonnen (NRT) entsprechen den Brutto-Registertonnen abzüglich der Maschinen- und Wohnräume; hier ist also nur der reine Laderaum gemeint. Die Registertonne selbst geht auf eine englische Maßeinheit zurück und entspricht 100 Kubikfuß = 2,83 cbm.

Alte Zählmaße

1 Schock = 4 Mandeln zu 15 Stück = 60 Stück

1 Gros = 12 Dutzend = 144 Stück

1 Ballen = 10 Neuries zu 10 Buch zu 10 Lagen zu 10 Bogen = 10 000 Bogen

1 Altes Ries Schreibpapier = 20 Buch zu 24 Bogen = 480 Bogen

1 Altes Ries Druckpapier = 20 Buch zu 25 Bogen = 500 Bogen

Pferdestärke

Höchstgeschwindigkeit und PS; wie bestimmen diese Begriffe unser Leben! Die Faszination am Automobil ist ungebrochen. Und auch wenn von den Firmen offiziell die Kraft des Autos in Kilowatt angegeben wird, so unterhalten sich Autofans doch fast ausschließlich über PS und damit verbundene Höchstgeschwindigkeit. Das hätten sich unsere Altvorderen sicherlich nicht träumen lassen, daß ihre Maßeinheit – nämlich die von einem Pferd erbringbare Leistung – einmal eine solche sprachliche Karriere machen würde. Als Pferdestärke bezeichnet man die Leistung, welche erforderlich ist, um 25 Kilo in einer Sekunde einen Meter hoch oder umgerechnet 1 Kilo in einer Sekunde 75 Meter hoch zu heben. Eine Pferdestärke (englisch *horsepower* / französisch *cheval-vapeur*) entspricht 736 Watt.

Wärmemessung sowie elektrische und andere Maßeinheiten

Unterteilung des Thermometers

Gefrierpunkt	0° Celsius	32° Fahrenheit
Siedepunkt	100° Celsius	212° Fahrenheit

Ohm

Ohm beschreibt die Einheit des elektrischen Widerstandes. Ein Ohm ist derjenige Widerstand, den eine Quecksilbersäule von einem Quadratmillimeter Querschnitt und 106,3 Zentimeter Länge dem elektrischen Strom bei 0° Celsius entgegensetzt.

Ampere

Ein Ampere entspricht der Stromstärke, die beim Durchgang durch eine wäßrige Lösung von Silbernitrat in einer 1 Sekunde 0,001118 Gramm Silber niederschlägt.

Volt

Ein Volt ist die elektromotorische Kraft, die in einem Leiter – dessen Widerstand 1 Ohm beträgt – 1 Ampere elektrischen Strom erzeugt.

✐ Meine liebsten Ordnungsregeln

Dank

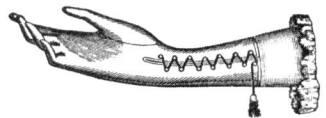

Wir danken all jenen Opas und Uropas, die Wissen, Erfahrungen und Tips für dieses Buch weitergegeben haben: die uns durch Wald, Feld und Flur führten, uns Einblick gaben in ihre Werkstätten, Keller, Scheunen und Gartenhütten. Großvätern, die erzählten, wie sie früher auf Wanderschaft waren, die uns mitnahmen in Gärten und Obstwiesen, bei einem Glas Wein mit uns das immer wieder faszinierende Spiel der Wolken beobachteten und dabei die eine oder andere bäuerliche Wetterregel zitierten. So erst wurde es möglich (fast) verlorenes Wissen für all jene zusammenzustellen, die praktisches und interessantes Wissen aus der guten alten Zeit an kommende Generationen weiterzugeben. Unser besonderer Dank gilt den Opas und Uropas Reinhold Hutter, Hermann Lang, Christian Lang und Otto Mast.

Herzlich danken wir auch all jenen, die mit vielfältigem Rat bei der Auswahl von Themen aus der übergroßen Fülle von Informationen halfen. Dazu gehören: Rudolf Bühler, Ökolandwirt und Vorstandsvorsitzender der Bäuerlichen Erzeugergemeinschaft Schwäbisch Hall, Otto Geisel, Patron des L'Art-de-Vivre-Hotels Victoria Bad Mergentheim und Vorsitzender von Slow Food Deutschland, Georg Goris, Pilot, Detlef Kaufmann, Tierarzt, Bruce Law, Segler, Norbert Lorenz, Malermeister, Willi Munk, Kunstmaler, Karl Strenger, Jäger und Bauexperte, Fritz Seitz, Kunstprofessor, Dieter Westendorf, Lehrer, und Harald Zindler, Gründer von Greenpeace.

Für vielfältige Hilfe gilt außerdem herzlicher Dank: Elke Böder, Monika Haag, Ilse Koller, Martina B. Ackermann, Susanne Ott, Christian Hutter sowie dem Biologen und Zeichner Wolfgang Lang. Besonderer Dank gilt allen, die beim Droemer Verlag an der Gestaltung und Herstellung dieses Buches beteiligt waren.

Zu den Autoren

Claus-Peter Hutter, geboren 1955 in der Schillerstadt Marbach am Neckar, studierte Verwaltungswirtschaft. Schon in seiner Kinderzeit war er von alten Gerätschaften und blumenbunten Bauerngärten begeistert. Heimat- und Freilichtmuseen zogen ihn ebenso magisch an wie alte Speicher, Scheunen und Uropas Werkstatt. Im Laufe der Zeit stellte der Autor zahlreicher Publikationen zu Natur-, Umwelt- und Verbraucherthemen fest, daß zunehmend traditionelles Wissen über Ernährung, Natur und Brauchtum in unserer Gesellschaft schwindet. Deshalb setzt er sich auch als Leiter der Umweltakademie Baden-Württemberg und bei seinem ehrenamtlichen Engagement als Präsident der Stiftung Nature-Life-International sowie als Ehrensenator und Lehrbeauftrater an der Universität Hohenheim (Stuttgart) für die Bewahrung des Alltagswissens als lebendiges Kultur- und Naturerbe ein.

Eva Goris, Jahrgang 1956, hat ihre beiden Großväter nie kennengelernt; dafür hatte sie *ihren* Onkel Willi, in dessen Werkstatt es immer ein bißchen nach Farbe roch. An den Wänden hingen Taue, Seile und Ruder. An seiner Drehbank stellte Onkel Willi Holzschalen und Löffel her. Er kannte aber auch alle Tiere im Wald und las ihre Spuren. Von Onkel Willi hat Eva Goris die Liebe zur Natur geerbt. Sie hat später an der Ruhruniversität Bochum Biologie studiert, als Redakteurin bei der *WAZ* gearbeitet und war Pressesprecherin von Greenpeace. Seit 1990 ist Eva Goris Ressortleiterin Umwelt der *Bild am Sonntag*. Für ihre Tier- und Umweltreportagen hat die Autorin zahlreicher Wissenschaftsserien 2004 eine Auszeichnung des Deutschen Tierschutzbundes erhalten. 2006 erhielt sie den Umwelt-Medienpreis.

Register

Eva Goris

Collection des verlorenen Wissens

Ein Handbuch für den Hausgebrauch

Wohl jeder hat sich schon einmal gefragt, was für ein duftendes Gewächs das war, das die Großmutter immer aus dem Küchengarten holte und das der Salatsauce diesen unnachahmlichen Geschmack verlieh. Oder wie sie es nur gemacht hat, daß der Marmorkuchen so saftig, der Rinderbraten so lecker wurde. Oma entführte uns in die Wunderwelt der Märchen und kannte die lustigsten Spiele. Wie niemand sonst verstand sie sich darauf, ganz ohne Chemie Erkältungen zu kurieren. Sie wußte um die geheimen Kräfte der Kräuter, und wenn wir vor Liebeskummer schier verzweifeln wollten, hellte sie mit einem Tee aus Johanniskraut unsere Seele wieder auf.

Für alle, die schmerzlich vermissen, was Oma noch wußte, und die dieses Alltagswissen aus einer vergangenen Zeit bewahren oder sich wieder aneignen wollen, hat Eva Goris zusammen mit Claus-Peter Hutter die Erfahrungen ihrer eigenen Omas und vieler anderer Großmütter gesammelt.

Die Entdeckung einer unverfälschten Lebensart!

DROEMER